KB231370

세상에 대하여 우리가
더 잘 알아야 할 교양

29

지은이 | 옮긴이 | 감수자 소개

지은이 **질리 헌트**

교육 출판 분야에 뛰어든 지 15년이 넘은 질리 헌트는 청소년 비소설 편집자면서 작가입니다. 현재는 가족과 함께 옥스퍼드 시에서 살고 있습니다. 저서로는 《공정무역(Fair Trade)》《그리스 신화와 전설(Greek Myth and Legends)》 등이 있습니다.

옮긴이 **이현정**

서강대학교에서 영어영문학과 심리학, 서울대학교 대학원에서 인지과학을 공부했습니다. 다양한 분야에 관심이 많아 미국에서 약학 전문대학원을 다니던 중 번역의 세계에 뛰어들어, 현재 전문번역가로 활동 중입니다. 주요 역서로는 《과연 제가 엄마 마음에 들 날이 올까요?》《비타민 바이블》《여자의 마음을 치유하는 옷장 심리학》 등이 있습니다.

감수자 **최진**

리더와 리더십 연구 분야의 전문가로, 고려대학교에서 법학과 행정학을 공부했습니다. 현재는 대통령리더십 연구소장, 한국대통령리더십 학회장이며, 경기대학교 정치전문대학원의 교수입니다. 주요 저서로는 《대통령리더십총론》《대통령의 공부법》《대통령의 독서법》《레임덕현상의 이론과 실제》 등이 있습니다.

세상에 대하여 우리가 더 잘 알아야 할 교양

질리 헌트 글 이현정 옮김 최진 감수

29

리더

누가 되어야 할까?

내인생의책

차례

※ 본문의 **굵은 글씨**로 표시된 단어는 96페이지 용어 설명에서 찾아보세요

21세기는 흔히 리더십의 시대라고 합니다. 누구나 리더가 되고자 합니다. 실제로 누구든지 마음만 굳게 먹으면, 장관도, 대통령도, 유엔사무총장도 될 수 있는 시대입니다. 위대한 지도자가 되려면 어떻게 해야 할까요? 다시 말해 지도자는 태어날 때부터 훌륭한 자질을 갖고 있는 걸까요? 아니면 누구나 열심히 노력 하면 지도자가 될 수 있는 걸까요? 당연히 정답은 후자입니다. 보통 사람도 노력 여하에 따라서 얼마든지 특별한 사람이 될 수 있습니다. 제2차 세계 대전을 승리로 이끈 영국의 처칠 수상이나 미국의 루스벨트 대통령은 말더듬이, 고집쟁이, 하반신 마비와 같은 인간적인 단점이 많았지만, 이를 극복하고 훗날 세계적인 지도자가 되었습니다.

다만, 지도자가 되려면 적당한 노력이 아니라 뼈를 깎는 노력이 필요합니다. 지도자는 누구나 될 수 있지만, 아무나 될 수 있는 것은 절대 아닙니다. 특히 제2차 세계 대전이나 냉전, 경제 위기, 혁명과 같은 위기 상황에서 지도자의 자질은 유감없이 드러나게 됩니다. 어려움을 헤쳐 나가는 능력 즉 위기관리 능력이 지도자의 중요한 자질이라는 뜻입니다. 미국의 케네디, 레이건 대통령, 마틴 루서 킹 목사, 인도의 간디, 남아공의 만델라 대통령은 모두 위기 속에서 빛을 발휘한 지도자들입니다.

좋은 지도자가 되려면 무엇보다 목적이 정당해야 합니다. 제2차 세계 대전을 일으킨 히틀러를 비롯해서 소련의 스탈린, 아프리카와 동남아의 타락한 독재자들은 위기를 악용해서 자신의 야망과 사리사욕을 채웠습니다. 이들은 지도자가 되는 데는 성공했는지 몰라도 영원히 '나쁜 지도자'로 기록될 것입니다. 나쁜 지도자는 엄밀히 말해 지도자가 아니라 범죄자나 다름없습니다. 능력이 아무리 뛰어나도 그릇된 목표를 갖고 있다면, 지도자가 될 자격이 없고, 되어서도 안 됩니다.

그런 점에서 이 책은 좋은 리더와 나쁜 리더의 차이가 무엇인지, 그리고 좋은 지도자가 되려면 어떻게 해야 하는지를 저절로 알게 해 줍니다. 특히 역사적인 사건을 통해서 훌륭한 리더들이 발휘했던 목적의 정당성과 의사소통 능력과 이타심, 위기관리 능력을 잘 설명해 주고 있습니다. 이 책을 읽다보면, 장차 좋은 지도자가 되는 길을 자연스럽게 알 수 있습니다. 미래의 지도자가 되는 첫걸음은 무엇일까요? 역사 속의 위인들을 벤치마킹하고 롤모델로 삼는 것입니다. 훌륭한 지도자의 삶을 관찰하고 그들의 말과 행동을 본받으려고 노력하는 사이에, 여러분은 어느덧 지도자의 길로 들어서게 될 것입니다.

대통령리더십 연구소장/경기대 정치전문대학원 교수 최진

1945년 8월 6일 일본의 히로시마에는 원자 폭탄이 투하되었습니다. 그로부터 3일 뒤 나가사키에도 원자 폭탄이 떨어졌지요. 원자 폭탄은 히로시마의 건물 대부분을 파괴하고, 수만 명을 죽게 만들었습니다.

일본에 원자 폭탄을 투하하기로 결정한 사람은 미국의 대통령 트루먼이었습니다. 당시 제2차 세계 대전이 일어나 독일, 이탈리아, 일본으로 구성된 추축국과 미국, 소련, 영국, 프랑스 등으로 이루어진 연합국은 격렬하게 싸우고 있었어요. 전쟁 중 많은 사람들이 다치거나 죽고, 도시는 폐허가 되었지요. 1945년 4월, 독일의 독재자 히틀러가 자살하고 독일과 이탈리아가 연합국에 항복을 선언한 가운데, 일본만이 미국과 기나긴 전쟁을 계속하고 있었습니다. 일본은 카미카제라는 자살 특공대를 파견하며 격렬하게 저항했습니다. 트루먼은 전쟁이 더 이상 길어지면 안 된다 판단하고, 오전 8시 15분 히로시마에 '리틀 보이'라는 인류 최초의 원자 폭탄을 떨어트렸습니다.

원자 폭탄 두 개가 잇달아 떨어지자 일본은 미국에 무조건 항복을 선언했습니다. 세계 역사상 가장 큰 규모의 전쟁이었던 제2차 세계 대전

대통령의 연설을 듣기 위해 많은 사람들이 모여 있다.

이 끝나자 많은 사람들이 기뻐했습니다. 최후의 승리자가 된 미국은 국제 사회에서 초강대국으로 자리매김할 수 있었습니다.

일본에 원자 폭탄을 투하하기로 한 트루먼의 결정은 옳았을까요? 원자 폭탄은 전쟁을 빠르게 끝냈지만 수많은 사람들의 희생을 가져왔습니다. 전쟁이 끝난 지 반세기가 넘은 지금에도 원자 폭탄이 폭발하면서 방출한 방사능 때문에 많은 사람들이 후유증으로 고통받고 있습니다.

일본은 미국과의 전투에서 열세에 몰렸었습니다. 미국은 원자 폭탄을 사용하지 않았어도 충분히 전쟁에서 승리할 수 있었지요. 하지만 소련이 전쟁에 개입하여 국제 사회에서 패권을 장악할까 봐 걱정스러웠던 트루먼은 성급하게 원자 폭탄을 사용해 전쟁을 종식시키기로 결정했습니다. 그 결과로 세계는 핵전쟁의 위험에 노출되게 되었지요.

리더는 집단을 이끄는 사람입니다. 리더는 구성원들을 대표하여 중대한 결정을 내리지요. 리더의 결정은 많은 사람들의 운명을 판가름합니다. 그래서 리더는 항상 먼 미래를 내다보고 자신의 결정이 세계에 어떤 영향을 줄지 늘 고민해야 합니다. 현재 올바르다고 생각한 결정이 미래에는 비극적인 문제를 초래할 수 있고, 사소한 문제라고 여겼던 일들이 큰 고민거리가 될 수 있으니까요. 히로시마에 투하한 원자 폭탄처럼 말이지요.

좋은 리더는 구성원을 행복하게 만들지만 나쁜 리더는 권력을 이용해 부정부패를 일삼고 많은 사람들을 불행하게 만들어요. 예를 들어 마틴 루서 킹이나 마하트마 간디 같은 리더는 사람들을 차별과 박해에서 해방시켰습니다. 반면 아돌프 히틀러는 유대인을 학살하고 전 세계를 전쟁의 공포에 몰아넣었어요.

그렇다면 어떤 사람이 리더가 되어야 할까요? 우리가 리더에게 원하는 것은 무엇일까요? 사람들이 바라는 리더의 자질이나 특징은 나라마다 다를까요, 아니면 나라와 상관없이 비슷할까요? 이에 대한 답을 얻기 위해서 역사상 존재했던 여러 부류의 리더들을 살펴보고 사회가 리더에게 특정한 기준을 요구하는 이유를 알아볼 필요가 있습니다.

앞으로 우리는 역사상 중요한 시기에 전 세계의 주요 리더들이 내린 결정을 살펴볼 거예요. 이 과정에서 어른들의 세계로 보이는 정치가 우리의 삶에 어떤 영향을 미치는지에 관해서도 더 잘 이해하게 될 것입니다.

누가 리더가 되어야 할까요?

리더십의 형태는 아주 다양합니다. 사람들마다 좋은 리더에 대한 생각이 모두 다르기 때문이지요. 누가 리더가 되어야 할지 생각해 보세요. 어떤 사람은 집단을 화목하게 만드는 사람이 리더가 되어야 한다고 할 것입니다. 또 어떤 사람은 집단의 목표를 빠르게 달성하게 만드는 사람이 좋은 리더라고 말할 수도 있을 거예요. 그렇다면 과연 어떤 능력을 가진 사람이 리더가 되어야 할까요?

새로운 학기가 시작하면 우리는 반장 선거를 합니다. 반장은 학급의 친구들을 대표합니다. 또, 반장은 반을 이끌어 친구들이 화목하게 지내도록 돕는 역할을 하지요. 리더란 바로 우리들의 반장과 똑같답니다.

▎민주주의 국가에서는 국민이 자신들이 원하는 정당에 표를 던진다.

리더란?

리더(Leader)란 이끌다, 지휘하다를 뜻하는 영어 단어 'Lead'에서 나온 말로, 이끄는 사람, 지휘하는 사람을 의미합니다. 리더는 우리가 속한 집단을 더 결속력 있게 만들고, 집단이 추구하는 목표를 달성하도록 이끄는 역할을 합니다.

우리는 국가, 도시, 마을에서 학교까지 다양한 집단에 속해 있어요. 그런데 만약 집단에 있는 사람들이 서로 싸우고 미워한다면 어떻게 될까요? 모두가 뿔뿔이 흩어지고 맹수나 적의 공격을 경계하느라 불안한

나라의 리더들은 때로 어려운 결단을 내린다. 수백, 수천 명이 집을 잃거나 죽을 수 있다는 것을 알면서도 전쟁을 치르기로 결정하는 것처럼 말이다. 사진은 콩고민주공화국에서 전쟁 때문에 피난을 가는 사람들의 모습이다.

생활을 하게 될 것입니다. 그래서 우리는 평화롭게 살기 위해 여러 가지 규칙을 만들지요. 가령 도둑질을 하면 안 된다거나, 사람을 죽이면 안 된다는 것처럼요. 하지만 집단에는 우리 말고도 많은 사람들이 있고, 사람들의 생각은 제각기 달라서 규칙을 정하는 것이 힘들어요. 어떤 사람은 친구와 싸우지 않는 것이 가장 중요하다고 생각하는데 다른 사람은 마을을 더럽히지 않는 것이 중요하다고 생각할 수 있거든요. 이때 한 사람이 나서서 다양한 생각을 한데 모으면 수월하게 규칙을 만들 수 있 겠지요? 그래서 집단에는 리더가 필요하답니다.

누가 리더가 되어야 할까?

'리더십'이라는 단어를 들어 본 적 있나요? 리더십이란 리더의 능력을 의미합니다. 리더십이 풍부하다는 말은 리더로서의 자질이 많다는 뜻이지요.

리더십의 형태는 아주 다양합니다. 사람들마다 좋은 리더에 대한 생각이 모두 다르기 때문이지요. 누가 리더가 되어야 할지 생각해 보세

어떤 집단의 리더가 되려면 구성원들의 동의가 있어야 한다. 독일의 사회학자 막스 베버는 사람들이 리더에게 정당성을 부여하는 근거로 세 가지를 제시했다. 첫 번째는 전통성이다. 전통성이란 오랫동안 사회에 뿌리내린 관습에 의해 정당성을 부여하는 것이다. 예를 들어 조선 시대에는 왕이 아버지에게 권력을 물려받아 국가를 통치했고, 국민은 이를 자연스럽게 인정했다. 두 번째는 합법성으로, 민주주의 국가에서 선거에 승리하여 대통령이 된 사람처럼 법에 의해 리더가 된 사람을 인정하는 경우다. 세 번째는 카리스마로, 사람들은 리더의 타고난 매력 때문에 권력에 정당성을 부여한다.

요. 어떤 사람은 집단을 화목하게 만드는 사람이 리더가 되어야 한다고 할 것입니다. 또 어떤 사람은 집단의 목표를 빠르게 달성하게 만드는 사람이 좋은 리더라고 말할 수도 있을 거예요. 그렇다면 과연 어떤 능력을 가진 사람이 리더가 되어야 할까요?

의사소통 능력

성공한 리더들의 역량을 보면 비슷한 점이 많습니다. 그중에서도 의사소통 능력은 리더가 되는 데 꼭 필요한 능력입니다. 훌륭한 의사소통 능력을 가진 리더는 사람들을 설득하여 자신이 원하는 대로 이끌 수 있습니다.

　　미국의 32대 대통령인 프랭클린 D. 루스벨트는 라디오에 자주 출연하여 국민들에게 연설을 했습니다. 당시 미국은 대공황이라는 세계적인 경제 악화 현상으로 몸살을 앓고 있었습니다. 루스벨트는 **뉴딜 정책**을 통해 어려움을 극복하려고 했지요. 루스벨트는 라디오 연설로 국민들에게 뉴딜 정책에 참여하기를 호소했고, 이 연설이 미국인들의 심금을 울렸어요. 많은 사람들이 뉴딜 정책에 참여했고 미국은 대공황에서 벗어날 수 있었어요. 루스벨트의 라디오를 통한 의사소통은 '노변정담(爐邊情談)', 즉 난롯가에서 나누는 따뜻한 이야기라고 불릴 정도로 국민

케네디 대통령 부부는 스타일과 카리스마 덕분에 국민에게 많은 지지를 받았다.

들의 큰 호응을 얻었고, 이 때문인지 루스벨트는 대통령 선거에서 네 번이나 당선되었어요.

한편 미국의 35대 대통령 존 F. 케네디는 어릴 때 조용하고 수줍음 많은 소년이었다고 해요. 하지만 텔레비전에 출연하여 당당한 언변과 멋진 외모로 국민들의 인기를 얻을 수 있었지요. 케네디는 지금도 미국에서 가장 인기 있는 대통령으로 손꼽힙니다. 케네디도 루스벨트와 마찬가지로 대중 매체를 통해 국민과 효과적으로 의사소통했습니다.

그러나 뛰어난 의사소통 능력을 가진 리더가 항상 좋은 리더인 것만은 아닙니다. 독일의 지도자 아돌프 히틀러는 인류 역사상 가장 잔인한 리더로 손꼽히지만 사람들을 설득하는 능력은 아주 뛰어났습니다. 히틀러는 뛰어난 언변으로 사람들을 현혹하여 자신을 숭배하도록 만들었습니다. 히틀러는 자신을 신처럼 **절대화**했어요. 또, 포스터를 비롯한 여러 가지 의사소통 방식으로 자신이 힘과 덕의 상징이라는 사상을 사람들에게 주입했습니다. 심지어 인사하는 방법까지도 나치 특유의 동작과 함께 '하일 히틀러!'라고 외치도록 했지요. 히틀러는 독재자로 군림하며 많은 사람들을 박해하고 전쟁을 일으켰어요. 히틀러에게 세뇌된 국민들은 히틀러의 만행에 동조했지요.

이타심

이타심, 즉 다른 사람들을 위하는 마음도 역시 리더에게 필요한 자질입니다. 리더는 집단에서 소외된 사람들을 돌보아야 할 책임이 있기 때문입니다.

미국의 인권 운동가인 마틴 루서 킹 2세는 목사였습니다. 그러나 그가 단순히 목사였기 때문에 흑인을 대표하는 리더가 된 것은 아닙니다. 그가 바람직한 가치관을 주장했기 때문이었지요.

1950년대 미국, 흑인들은 심각한 차별을 받고 있었습니다. 흑인들은 아무 식당이나 이용할 수 없었고, 버스에서도 백인과 함께 자리에 앉을 수 없었습니다. 마틴 루서 킹 2세는 미국 사회에 만연한 흑인 차별을 없애기 위해 많은 노력을 했습니다. 그는 **비폭력 저항**이라는 평화적인 인권 운동을 통해 자신을 지지하는 사람들이 바람직한 행동을 하도록 용기를 주었습니다. 지지자들에게 자신을 탄압하는 사람들보다 더 높은 도덕적 품성을 함양하고, 그들처럼 폭력을 사용하지 말라고 격려했지요. 마틴 루서 킹 2세는 반대자들에게 암살 위협을 받을 정도로 위험에

집중탐구 서번트 리더십

서번트 리더십(Servant Leadership)이란 미국의 학자 로버트 그린리프가 주장한 리더십으로 하인을 뜻하는 영어 단어 'Servant'에서 따왔다. 선두에서 이끄는 리더십이 아니라 하인처럼 집단의 구성원을 섬기는 리더십을 의미한다. 서번트 리더십은 구성원을 존중하고 그들의 요구에 귀를 기울이는 자세가 집단의 잠재력을 발휘하도록 만든다는 전제에서 출발한다.

처해지기까지 했습니다. 하지만 그는 개의치 않고 인권 운동을 계속했지요. 마틴 루서 킹 2세가 보여 준 이타심은 많은 미국인의 마음을 움직였습니다.

정치와 리더

우리가 속한 집단 중 가장 기본적인 집단은 바로 국가입니다. 우리는 태어나면서 자연스럽게 어떤 국가의 국민이 되지요. 국가가 잘 굴러가기 위해서는 정치가 필요해요. 정치란 나라나 주, 마을을 운영하는 방식 그리고 다른 정부나 마을과 관계를 맺는 방식을 의미합니다.

정치에서 리더를 빼놓을 수는 없습니다. 리더는 대개 특정한 정치 제

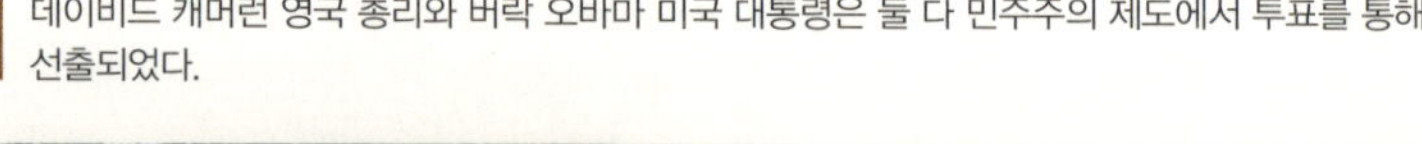

데이비드 캐머런 영국 총리와 버락 오바마 미국 대통령은 둘 다 민주주의 제도에서 투표를 통해 선출되었다.

도에 맞게 국가를 이끌어 나가지요. 정치 제도란 국가가 운영되는 큰 틀로 정부가 사용하는 법적 제도를 말합니다. 민주주의, 군주제, 공산주의라는 말을 들어 보았나요? 이런 것들이 정치 제도의 예입니다.

　정치 제도를 운영하는 방식은 모두 다르며 정치 제도를 만들 때 바탕이 되는 신념도 저마다 다릅니다. 예를 들어 볼까요? 민주주의는 국민이 국가를 통치하는 제도입니다. 하지만 민주주의로 운영되는 국가에서는 선거에서 가장 많은 표를 얻은 후보가 리더가 되는 경우가 많습니다. 모든 국민이 정치에 참여하기엔 너무 수가 많으니까요. 국민을 대신할 대표를 뽑는 것이지요. 그리고 가장 많은 표를 받은 후보가 소속한 정당이 정부를 구성하는 민주주의 국가도 있어요. 반면 군주제를 실시하는 나라에서는 왕이나 황제 등 군주가 국가의 최고 권력을 갖고 그 권력이 군주의 가족에게 **세습**됩니다. 독재 국가에서는 한 개인 또는 집단이 모든 권력을 쥐고 나라를 지배합니다. 한편 경제 방식을 중심으로 정치 제도를 정의하기도 합니다. 예를 들어 공산주의가 그러하지요. 공산주의 국가에서는 경제와 관련한 모든 측면을 나라가 관장합니다.

- 리더란 집단을 이끄는 사람을 말한다. 리더에게 필요한 역량은 의사소통 능력, 이타심 등 여러 가지가 있다.
- 국가가 잘 굴러가기 위해서는 정치가 필요하다. 정치 리더는 각 국가의 정치 제도에 따라 통치한다.

2

제2차 세계 대전의 리더들

제2차 세계 대전은 1939년 9월 1일, 히틀러가 지휘하는 독일군이 폴란드를 침입하면서 시작되었습니다. 이 전쟁 기간 내내 중요한 역할을 수행했던 세 나라의 리더가 있었습니다. 바로 윈스턴 처칠 영국 수상, 프랭클린 D. 루스벨트 미국 대통령, 이오시프 스탈린 소련 서기장이었지요. 전쟁은 1945년까지 6년간 계속되었습니다.

리더는 집단을 이끌기 위해 중대한 결정을 해야 합니다. 때로는 많은 희생이 따르더라도 국익을 위해 전쟁에 참여하는 위험한 선택을 하기도 하지요. 리더의 결정이 국가와 국민 전체의 운명을 좌우하기도 합니다.

제2차 세계 대전의 리더들

제2차 세계 대전은 1939년 9월 1일, 히틀러가 지휘하는 독일군이 폴란드를 침입하면서 시작되었습니다. 전 세계의 많은 모든 국가가 참전했던 대규모의 전쟁이었지요. 이 전쟁은 크게 두 축을 중심으로 벌어졌습니다. 한 축은 영국, 프랑스, 폴란드, 호주 그리고 나중에 미국과 소련이 가세한 연합국이었고, 다른 한 축은 독일, 이탈리아, 일본이 동맹을 맺어 결성된 추축국이었습니다. 이 전쟁 기간 내내 중요한 역할을 수행했던 세 나라의 리더가 있었습니다. 바로 윈스턴 처칠 영국 수상, 프랭클린 D. 루스벨트 미국 대통령, 이오시프 스탈린 소련 서기장이었지요. 전쟁은 1945년까지 6년간 계속되었습니다.

히틀러의 정치 입문

1919년 9월 12일, 히틀러는 작은 술집에서 공산주의에 반대하는 연설을 했습니다. 그 연설을 감명 깊게 들은 민족사회주의 독일노동자당의 창시자 안톤 드렉슬러는 히틀러를 자신의 당에 가입시켰습니다. 아무 힘도 없는 군인이었던 히틀러에게 그 사건은 정치계에 입문하는 계기가 되었습니다.

1921년 7월, 히틀러는 마침내 민족사회주의 독일노동자당의 당수 자리에 올랐습니다. 그리고 당의 이름을 나치당으로 새롭게 바꿨습니다. 제1차 세계 대전에서 패배한 독일은 당시 심각한 경제 불황을 겪고 있었습니다. 독일인들은 기존의 정부에 실망해 새로운 리더가 나타나 독일을 불황의 덫에서 구제하길 원했지요. 히틀러는 자기가 바로 독일을 되살릴 지도자라고 주장했습니다. 뛰어난 연설가였던 그가 수장이 되자 나치당 당원이 늘어났습니다. 나치당은 유럽에서 독일어를 구사하는 모든 사람을 한데 모아 대독일을 만들고 싶어 했습니다. **유대인**을 사회에서 배제하여 독일인의 생활 공간을 확대하고, 양로 연금을 지급하며, 대기업의 이익을 국민에게 분배하는 정책 등이 나치당의 주요 공약이었습니다.

독재자가 된 히틀러

1933년 1월 30일, 파울 폰 힌덴부르크 독일 대통령은 히틀러를 **총리**로 임명했습니다. 하지만 히틀러는 총리 자리에 만족하지 않았습니다. 더 큰 권력을 갖고 싶어 했지요. 오래 지나지 않아 그의 소망은 이루어

독일의 뉘른베르크에 수많은 관중이 히틀러의 연설을 듣기 위해 모였다. 사람들은 히틀러에 대한 충성을 맹세하고 히틀러 앞에서 행진을 했다. 집회는 게르만족의 힘을 보여 주고 히틀러에 대한 개인 숭배를 강화하기 위해 열렸다.

졌습니다. 1934년 8월 2일 힌덴부르크가 87세의 나이로 사망했기 때문이지요. 히틀러는 분리되어 있던 총리직과 대통령직을 하나로 합쳐 총통직을 만든 뒤 자신을 독일 총통으로 임명했습니다. 그는 완전한 권력을 손에 쥐고 독재자로 군림하며 독일을 나치 국가로 만들기 시작했습니다.

나치의 세뇌 작전

히틀러는 나치스 친위대, 또는 SS라고 불린 개인 경호대와 게슈타포라는 비밀경찰 조직을 이용해 사람들이 그에게 복종하도록 만들었습니다. 나치당에 동의하지 않았던 많은 사람은 강제 수용소에 수감되었습니다.

나치는 교과서를 새로 쓰게 하여 자신들의 사고방식을 사람들에게 세뇌시켰습니다. 나치 사상을 가르치는 것을 거부한 교사들은 감옥에 갇혔습니다. 1936년부터 13세 이상의 소년들은 히틀러유겐트라는 독일 나치당이 만든 청소년 조직에 의무적으로 가입해야 했습니다. 소년들은 이 조직에서 군사 훈련을 받고 유대인을 증오하도록 교육받았습니다. 소녀들에게는 집안일을 하고 아리아인을 기르는 것이 여성의 의무라고 가르쳤습니다. 아리아인이란 유대인의 피가 흐르지 않는 사람들을 말하지요. 사람들에게는 나치 사상에 반대하는 어른을 보면 신고하라고 했습니다.

박해

히틀러는 유대인과 집시, 동성애자, 장애인 등 사회적 소수자를 대량 학살했습니다. 이들이 **게르만족**의 부흥을 방해한다고 생각했기 때문이었지요. 특히 유대인에 대한 박해가 가장 심각했습니다. 명목은 게르만족의 순수한 혈통을 지키기 위한 것이었지만, 사실은 유대인들이 막강한 경제력으로 유럽을 장악했기 때문이었습니다. 히틀러는 유대인이 있는 한 독일이 유럽에서 강대국이 될 수 없다고 생각했습니다. 또 독일을 혼란에 빠뜨린 제1차 세계 대전의 배후에 유대인이 있다는 음모론을 믿었지요. 그래서 유대인을 모두 제거해야 한다고 주장했습니다. 마침내 나치당은 1935년에 뉘른베르크 법을 도입했습니다. 이 법에는 유대인 혈통의 독일인은 더 이상 독일인이 아니라고 나와 있습니다. 1938년, 한 유대인이 독일 정치인을 살해하자 나치당은 이를 독일에 사는 유

1938년 독일에서 나치당 대원들이 독일 전역의 유대교 회당, 상점, 집, 공동묘지를 습격했던 사건을 크리스탈나흐트(Kristallnacht, 수정의 밤이라는 뜻)라고 부른다. 사진은 그 사건 이후의 베를린 거리의 모습이다.

대인을 공격할 수 있는 빌미로 삼았습니다. 나치당은 시너고그라고 불리는 유대교 회당 267곳에 불을 지르고 유대인 상점 8천 곳의 창문을 깨뜨렸으며 유대인 91명을 학살했습니다. 그들은 유대인 수천 명을 체포하여 강제 수용소에 보냈습니다. 이 강제 수용소에서 유대인 6백만 명이 죽었습니다. 이 사건을 **홀로코스트**라고 합니다.

히틀러는 자신의 권력으로 사람들을 억압했습니다. 히틀러는 어렸을 때부터 전쟁을 좋아했고, 야욕이 넘쳤어요. 히틀러는 독일이 번성하려면 게르만족이 뭉쳐야 하고, 게르만족의 통합과 발전을 방해하는 사람들은 모두 적이라고 선동했어요. 히틀러의 감언이설에 매료된 독일인들은 그를 맹목적으로 지지했고, 히틀러에 반대하는 독일인들도 나치당의 탄압이 무서워 그를 막을 수 없었습니다. 히틀러는 나쁜 리더가 사회를 이끌 때 나타나는 비극을 보여 주는 전형적인 예입니다.

처칠의 경고

영국의 정치가인 윈스턴 처칠은 1930년대, 히틀러와 나치당의 발호를 본국에 여러 번 경고했습니다. 그는 히틀러의 유대인 정책에 큰 충격을 받고 영국이 히틀러가 독재하는 독일의 세력 확장을 심각하게 받아들여야 한다고 주장했습니다.

독일은 **제1차 세계 대전**(1914~1918년)에서 패배한 뒤 휴전 협정에 따라 더 이상 무기를 수입하면 안 되었습니다. 하지만 처칠은 히틀러가 제1차 세계 대전 이후에도 무기를 모으고 있다는 정보를 입수했습니다. 처칠은 루프트바페(Luftwaffe)라고 불리는 독일 공군이 영국 공군만큼 힘이 커질 수 있다는 점을 우려했습니다. 하지만 사람들은 처칠의 걱정을 무시했습니다. 당시 영국 지도자 중에서 독일에 조치를 취하고 싶어 한 사람은 별로 없었어요.

1938년 당시 영국 수상인 네빌 체임벌린은 체코의 땅 일부를 차지하겠다는 독일의 요구를 들어주어도 된다고 생각했습니다. 프랑스와 이탈리아도 이 생각에 동의했지요. 체임벌린은 요구를 승인하면 독일이 체코 땅 일부에 만족하고 다른 곳을 침략하지 않을 것이라고 생각했습니다. 그는 영국 국민에게 자신이 '명예로운 평화'를 이루었다고 말했으며 이로써 '우리 시대를 위한 평화'를 얻었다고 말했습니다. 체임벌린은 자신이 전쟁을 막았다고 믿었지요. 하지만 그 생각에 동의하지 않은 처칠은 그에게 경종을 울렸습니다. "당신은 전쟁과 불명예의 기로에 놓여 있었으며, 그중 불명예를 선택했습니다. 게다가 앞으로 당신은 전쟁까지 치르게 될 것입니다."

전쟁 선포

히틀러는 체코에 만족하지 않았습니다. 나치당은 이탈리아의 **파시즘** 정권, 일본의 **군국주의** 정권과 손을 잡고 세계 곳곳에서 전쟁을 일으켰습니다. 히틀러는 처칠이 의심한 대로 제1차 세계 대전의 휴전 협정을 무시하고 비밀리에 백만 명이 넘는 군대를 양성했지요. 1939년 8월 독일은 폴란드의 수도 바르샤바를 침공했고, 영국은 마침내 독일에 선전 포고를 하게 되었습니다. 영국인들은 처칠의 경고가 사실이었다는 것을 뒤늦게 깨달았습니다. 1940년 5월 처칠은 수상으로 취임했습니다.

하지만 처칠이 총리가 된 지 2주도 채 지나지 않아, 벨기에는 독일에 항복했고 프랑스는 전쟁에 패배하여 독일에게 포위될 위기에 놓였습니다. 영국은 본토를 힘겹게 지킬 수 있었을 뿐이었습니다.

동맹 맺기

처칠은 독일에 대항하려면 다른 나라와 동맹을 맺어야 한다는 점을 깨달았습니다. 그는 "신세계여, 온 힘을 다하여!"라고 외치며 전 세계에 성원과 지지를 당부했습니다. 신세계인 미국에게 구세계를 의미하는 유럽을 구해 달라는 말이었지요.

당시 미국은 영국과 프랑스에 무기를 공급하고 있었습니다. 하지만

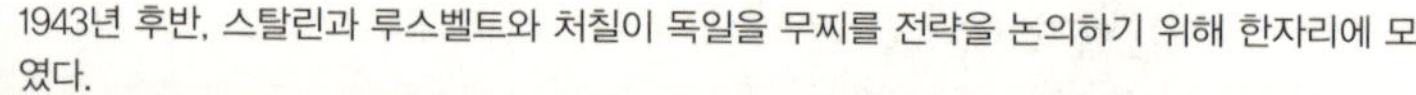

1943년 후반, 스탈린과 루스벨트와 처칠이 독일을 무찌를 전략을 논의하기 위해 한자리에 모였다.

실제로 전쟁에 참여하지는 않았어요. 그러다 1940년, 홀로 힘겨운 싸움을 하던 영국을 돕기 위해 루스벨트 미국 대통령이 발 벗고 나섰습니다. 미국 의회를 설득하여 전쟁에서 영국이 이길 수 있도록 필요한 모든 원조를 약속한 것이지요. 게다가 미군이 주둔하고 있던 하와이의 진주만을 일본이 기습하자 마침내 미국도 1941년 12월, 제2차 세계 대전에 공식적으로 참전하게 되었습니다.

영국의 동맹국이 될 가능성이 별로 없었던 국가가 있었습니다. 바로 소련이지요. 소련은 이오시프 스탈린이 이끄는 러시아를 주축으로 여러 개의 **공화국**으로 구성된 거대한 **공산주의** 국가였습니다. 처칠은 공산주의를 평화의 걸림돌이라고 생각했습니다. 더구나 독일이 폴란드를 침공할 때 소련은 독일과 **불가침 조약**을 맺고 독일의 침공을 눈감아 주

인물탐구 **윈스턴 처칠 (1874~1965년)**

윈스턴 처칠은 뉴욕 상류층 출신의 제니 제롬과 영국 정부의 주요 정치인이었던 랜돌프 처칠 사이에서 태어났다. 16세에 사관 학교에 입학한 처칠은 전술과 방어에서 성적이 특히 우수했다. 제2차 세계 대전 때 그가 총리 역할을 수행하는 데 사관 학교에서 배운 지식의 공이 컸다. 처칠은 군인, **참관인**, 저널리스트로서 전 세계의 여러 전쟁에 참여하여 경험을 쌓았다. 처칠은 제2차 세계 대전이 끝나고 1953년에 엘리자베스 여왕에게 기사 작위를 받았다. 그리고 1963년에는 미국의 명예시민 자격을 부여받았다.

었기 때문에 처칠은 소련을 믿을 수 없었습니다. 하지만 소련도 히틀러의 공격에서 벗어날 수 없었어요. 1941년 독일은 소련을 기습 침공했지요. 처칠은 1941년 6월 22일 "러시아의 위험은 우리의 위험입니다."라고 발표하며 소련을 돕겠다고 약속했어요.

이렇게 해서 영국, 미국, 소련 사이에는 대동맹이 맺어졌습니다. 이 동맹을 주도한 사람은 바로 처칠이었습니다. 이 동맹 국가들의 모임을 연합국이라고 하지요.

스탈린의 지위

스탈린은 1922년, 소련 공산당의 초대 서기장이 된 뒤 무자비한 절대 권력을 행사했습니다. 또한 그는 히틀러가 권좌에 오르는 데 중요한 역할을 했습니다. 공산당의 국제적인 조직인 코민테른의 실질적인 권력을 쥐고 있던 스탈린은 독일 공산당이 히틀러를 반대하지 못하게 했습니다. 그는 독일 나치당의 승리가 곧 공산주의자들의 자본주의에 대한 승리를 의미한다고 생각했지요.

1934년 중반이 되자 스탈린의 생각이 틀렸다는 것이 명확해졌습니다. 독일은 체코에 만족하지 못하고 오스트리아까지 침략하고 있었어요. 1938년, 소련과 영국 그리고 프랑스는 독일에 대항하기 위해 동맹을 맺으려고 했습니다. 하지만 성공리에 합의된 것은 아무것도 없었습니다. 어느새 독일은 소련 영토까지 넘보기 시작했습니다. 1939년, 독일의 동유럽 침략에 대해 소련만이 홀로 저항하는 상황에 놓이자 스탈린은 전술을 바꾸기로 마음먹었습니다.

1939년 8월, 스탈린과 히틀러는 소련과 독일은 서로 공격하지 않는다는 불가침 조약을 맺게 되었습니다. 소련의 영토를 늘리고 싶어 했던 스탈린은 이 조약을 맺어 군사력을 키우는 데 걸리는 시간을 벌려는 속셈도 있었습니다. 조약에는 폴란드를 동쪽과 서쪽으로 나눠 각각 소련과 독일이 갖는다는 내용이 비공개로 포함되어 있었습니다. 히틀러는 소련의 제제를 받을 걱정 없이 마음 놓고 폴란드와 프랑스, 영국을 침략할 수 있었습니다. 하지만 1941년 6월 22일, 독일은 소련도 침략을 했지요.

 이오시프 스탈린 (1978~1953년)

이오시프 스탈린은 1922년에 소련 공산당의 초대 서기장이 되어 1941년에서 사망 연도인 1953년까지 소련 총리를 겸직했다. 무자비한 독재 정치를 펼치기는 했지만 그로 인해 소련이 세계적인 강국으로 발돋움할 수 있었다.

스탈린은 비밀경찰을 이용해 반스탈린 세력을 모조리 숙청했다. 또한 그는 강제로 농업 집단화 정책을 펼치고 저항하는 농부들 수백만 명을 굶어 죽게 만들었다. 스탈린의 독재 정권은 일명 '대공포 시대'라고도 불린다. 이때 사망자 수는 3백만 명에서 천만 명에 이른다고 한다.

유럽 우선 정책

1940년 말, 루스벨트와 그의 보좌관들은 미국이 제2차 세계 대전에 참전할 전략을 구상하고 있었습니다. 미국에서는 유럽의 전쟁에 관여하지 말자는 **고립주의**와 민주주의를 수호하기 위해 전쟁에 참여하자는 의견이 팽팽하게 맞서고 있었지요. 결국 전쟁에 개입하자는 의견이 승리했고, 전쟁에 참여해야 한다고 주장했던 루스벨트는 미국 역사상 최초로 3선 대통령이 되었습니다. 미국은 영국과 '유럽 우선 정책'을 결정했습니다. '독일 우선 정책'이라고도 하는 이 정책은 전쟁에서 독일을 공격하는 것을 최우선으로 삼자는 정책입니다. 아시아와 미국 사이의 태평양은 방어 전략만 짜기로 했어요. 하지만 1941년 12월 7일 일본이 미군이 주둔한 하와이의 진주만에 폭탄을 투하하면서 모든 계획은 변경되었습니다. 미국은 일본에 선전 포고를 했고, 일본과 동맹 관계였던 독일과 이탈리아도 미국에 선전 포고를 했습니다. 유럽 우선 정책에 따라 미국의 지원을 받기로 했던 소련은 미국, 일본의 갑작스러운 전쟁으로 지원을 받지 못했지요.

1941년 12월 22일, 처칠과 루스벨트 그리고 그들의 보좌관들은 회의를 열었습니다. 루스벨트는 영국과 미국, 소련, 중국 등이 동맹을 맺어 추축국에 맞서 싸우자고 제안했습니다. 이 제안에 동의한 국가들은 1942년 1월 1일에 '연합국 공동 선언'을 하고 유럽에 군사력을 집중했습니다.

1944년 이탈리아가 연합국에 항복하자, 히틀러는 전쟁에 승산이 없다는 것을 깨닫고 1945년 4월 30일에 자살로 생을 마감했습니다. 히틀러가 사망하자 독일은 1945년 5월 8일에 항복했습니다. 하지만 일본은 끝까지 전쟁을 계속했지요. 미국은 일본 히로시마에 원자 폭탄을 투하했고 1945년 9월 2일, 일본이 무조건 항복을 선언하면서 태평양 전쟁도 종결되었습니다. 세계의 패권은 서유럽에서 미국과 소련으로 넘어가게 되었습니다. 제2차 세계 대전이 그 중요한 계기였지요.

집중탐구 **원자 폭탄**

아인슈타인은 히틀러가 원자 폭탄을 개발하여 전쟁에서 승리할까 봐 걱정했다. 그래서 루스벨트에게 원자 폭탄을 개발하라는 편지를 보냈다. 루스벨트는 이 편지를 읽고 '과학연구개발국'을 세우고, 영국과 공동으로 원자 폭탄을 개발하는 '맨해튼 계획'을 짰다. 하지만 루스벨트는 계획이 성공하기 전에 뇌출혈로 사망했고, 뒤를 이은 트루먼 대통령이 빨리 제2차 세계 대전을 끝내기 위해 일본 히로시마에 원자 폭탄을 투하했다. 일본에 원자 폭탄을 투하한 이틀 뒤 일본이 곧 전쟁에서 패배할 것이라는 판단을 한 스탈린은 일본에게 선전 포고를 했다. 얼마 지나지 않아 일본은 무조건 항복을 선언했고, 스탈린은 미국과 일본의 전쟁에 전혀 개입하지 않고 최후의 순간에 선전 포고를 하여 아시아에서 소련의 입지를 다질 수 있었다. 어떤 의미에서 제2차 세계 대전의 궁극적인 승리자는 스탈린일지도 모른다.

간추려 보기

- 제2차 세계 대전을 일으킨 독일의 독재자 히틀러는 많은 사람들을 억압하여 권력을 가진 리더였다.
- 제2차 세계 대전은 초반에 독일, 이탈리아, 일본으로 구성된 추축국이 승리하다가 미국의 개입으로 연합국이 형성되면서 상황이 바뀌었다. 이 과정에서 각국의 리더들은 중대한 여러 가지 결정을 했다.
- 연합국의 승리로 전쟁이 끝나면서 전쟁에서 주요 역할을 했던 미국과 소련이 국제 사회의 새로운 패권국으로 떠올랐다.

3

CHAPTER

냉전 시대의 리더들

전 세계의 주요 국가들이 모두 참여한 대규모의 전쟁이었던 제2차 세계 대전은 막을 내렸지만, 곧 새로운 전쟁이 시작되었습니다. 그것은 뜨거운 총과 폭탄을 사용하지 않는 냉전이었지요. 각국의 리더들은 세계의 패권을 손에 쥐기 위해 살벌하게 대립했지요.

전 세계의 주요 국가들이 모두 참여한 대규모의 전쟁이었던 제
2차 세계 대전은 막을 내렸지만 곧 새로운 전쟁이 시작되었
습니다. 그것은 뜨거운 총과 폭탄을 사용하지 않는 냉전이었지요. 각국
의 리더들은 세계의 패권을 손에 쥐기 위해 살벌하게 대립했지요.

연합국의 붕괴

연합국은 제2차 세계 대전에서 승리했지만, 영국과 미국, 소련 세 나
라의 동맹에 금이 가기 시작했습니다. 연합국은 전쟁에서 패배한 독일
을 어떻게 처리할지 고민했습니다. 미국과 영국은 독일을 자본주의 나
라로 만들고 싶었고, 소련은 공산주의 국가로 만들고 싶었지요.

스탈린은 동유럽을 기점으로 전 세계에 공산주의를 퍼뜨리고 싶었습
니다. 그는 제2차 세계 대전이 끝난 뒤 혼란스럽던 국제 정세가 바로 동
유럽에 대한 영향력을 독점할 절호의 기회라고 생각했어요. 동유럽을
지배하던 독일이 무너졌기 때문이지요. 스탈린은 동유럽의 여러 나라
를 소련의 위성 국가로 만들었습니다. 위성 국가란 강대국의 정치·경
제·군사상 지배나 영향을 받는 약소국을 말합니다.

영국 정부와 미국 정부는 공산주의가 확산되어 소련이 유럽 전체를
장악할까 봐 걱정했습니다. 1946년, 처칠은 "유럽 대륙에 철의 장막이
드리워져 있다."라고 말했습니다. 미국의 대통령 트루먼은 공산주의에
대항하는 국가들을 전적으로 지원한다는 '트루먼 독트린'을 발표했습니
다. 결국 독일은 동독과 서독, 각각 공산주의와 **자본주의** 국가로 분할되
었고, 전 세계가 공산주의 국가와 자본주의 국가로 나뉘어 대립했습니
다. 냉전(Cold War)이 시작된 것이지요.

우리가 생각하는 일반적인 전쟁이 총과 칼을 들고 싸우는 뜨거운 전

쟁이라면 냉전이란 외교 전략이나 경제 전략 같은 보이지 않는 무기를 들고 싸우는 차가운 전쟁입니다. 제2차 세계 대전 이후 강대국으로 떠오른 미국과 소련은 1990년대 초반까지 **패권**을 손에 쥐기 위해 첨예하게 대립했어요. 이 시기를 냉전 시대라고 하지요.

미국이 제2차 세계 대전 중에 맨해튼 계획으로 핵무기 개발에 성공한 것에 이어 소련도 핵 실험에 성공했어요. 사람들은 핵무기의 위험성을 잘 알고 있었습니다. 핵무기는 셀 수 없이 많은 사상자를 낳고, 핵이 떨어진 지역과 그 주변까지도 황폐하게 만들어 리더들은 함부로 핵무기를 사용할 수 없었습니다. 이런 상황에서 전쟁의 형태는 이전과 확연히 달라졌지요.

냉전이 불러온 분단

1961년 1월, 케네디는 미국의 35대 대통령으로 취임했습니다. 그가 정치계에 발을 들여놓았을 때는 냉전 초기였습니다. 따라서 그의 정치 인생에서는 냉전에서 승리하는 것이 가장 중요한 과제였지요.

드와이트 아이젠하워는 케네디에게 대통령직을 인계하면서 직책에 관해 간단히 보고를 했습니다. 아이젠하워가 가장 먼저 알려 준 것은 대통령이 가는 곳에 늘 따라다니는 두 장교가 든 검은 가방의 정체였습니다. 그 가방 안에는 미국이 핵전쟁을 먼저 시작하거나 다른 나라가 핵전쟁을 시작했을 때 따라야 하는 행동 강령이 들어 있었어요.

그다음 알려 준 내용은 소련과 냉전이 진행 중인 지역에 관한 정보였습니다. 물론 미국과 소련이 분쟁 지역에서 직접 총을 겨누지는 않았습

1960년 12월 6일, 드와이트 아이젠하워 대통령이 백악관을 찾은 존 F. 케네디 대통령 당선인을 환영하고 있다.

니다. 자칫하면 핵무기를 사용할 수도 있었기 때문이지요. 대신 미국과 소련은 전 세계의 분쟁 지역에서 각각 자본주의와 공산주의 세력을 지원했습니다. 이 때문에 많은 국가들이 분단을 경험하게 되었지요.

동남아시아의 베트남은 원래 프랑스의 식민지였습니다. 그런데 프랑스가 제2차 세계 대전에서 난항을 겪으면서 세력이 약해지자, 베트남은 일본의 보호국이 되었지요. 하지만 일본이 전쟁에서 패배하면서 베트남에서 물러나자, 베트남의 공산주의자 호찌민은 베트남민주공화국을 수립하고 독립을 선언했습니다. 그러자 프랑스는 베트남에 대한 지배권을 주장했고 독립을 원하는 베트남은 프랑스와 전쟁을 치렀어요.

전쟁은 8년이나 계속되었고, 마침내 1954년 제네바에서 열린 인도차이나에 관한 9개국 회의에서 베트남의 운명이 결정되었습니다. 베트남의 남쪽은 미국이 지원하고, 베트남의 북쪽은 호찌민이 국가주석이 된 베트남민주공화국이 되었지요. 하지만 남베트남 정부가 독재자의 모습을 보이자 이에 반대하는 남베트남의 공산주의자들이 북베트남과의 통일을 요구하며 게릴라전을 벌여 사회가 혼란스러워졌어요. 이들을 '베트남민족해방전선', 또는 '베트콩'이라고 불러요. 공산주의 세력이 강화되는 것을 염려한 미국은 남베트남 정부를 적극 지원했습니다. 결국 남베트남 정부와 미국은 베트남민족해방전선과 전쟁을 치렀고 북베트남의 공산주의자들과 소련은 이들을 지원했어요. 베트남 전쟁은 아주 오래 계속되었지요.

독일도 마찬가지였습니다. 독일의 수도 베를린은 동서로 분할되었습니다. 동베를린은 공산주의 지역이 되었고 서베를린은 민주주의 지역이 되었지요. 동베를린에는 소련군이, 서베를린에는 미군이 주둔했습니다.

생각해 보기

미국과 소련은 국제 사회에서 세력을 확장하기 위해 정부의 도덕성 따위는 고려하지 않고 지원했다. 이 때문에 많은 사람들이 독재 정권의 치하에서 고통을 받았다. 리더가 자국의 이익을 위해 비도덕적인 행위를 일삼는 것이 합당한 일일까?

냉전 시기에 자본주의, 공산주의라는 이데올로기를 전파하여 자국의 이익을 추구한 미국과 소련은 많은 국가들이 분단되도록 조장하였습니다.

케네디와 흐루시초프

케네디는 소련의 지도자인 니키타 흐루시초프와의 관계를 좀 더 긴밀하게 발전시키고 싶어 했습니다. 냉전이 한창이던 1961년 6월, 두 지도자는 오스트리아의 빈에서 만났습니다. 케네디는 핵전쟁이 두 나라 간의 오해로 예기치 못하게 일어나서는 안 된다는 점을 확실히 하고 싶어 했지요.

한편 흐루시초프는 케네디가 공산주의인 동독을 인정하고 서베를린을 소련에 넘겨주는 평화 협정에 서명하기를 원했습니다. 제2차 세계 대

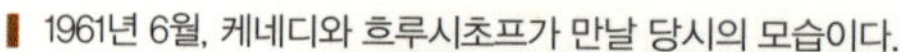

1961년 6월, 케네디와 흐루시초프가 만날 당시의 모습이다.

전 이후, 독일은 동서로 분단되었습니다. 독일의 수도인 베를린도 둘로 나뉜 채 동베를린은 소련이, 서베를린은 서구 진영이 통제하고 있었습니다. 그런데 많은 동독 시민들이 베를린을 통해 서독으로 넘어갔습니다. 흐루시초프는 이로 인해 동독 경제가 타격을 입는 것을 우려했습니다.

결국 흐루시초프는 케네디를 협박하기로 마음먹고 이렇게 말했습니다. "나는 평화를 원하오. 하지만 대통령께서 전쟁을 원한다면 가만히 있지는 않을 것이오." 그러자 1961년 케네디는 연설을 통해서 미국이 군사비를 늘릴 것이라고 밝혔습니다. 또 그는 서베를린에 대한 공격은 '우리 모두에 대한 공격'이라고 못 박았습니다.

인물탐구 **존 F. 케네디(1917~1963년)**

존 F. 케네디는 아버지 조셉 케네디의 강요로 정계에 입문했다. 1957년, 그는 미국 대통령이 되기 위해 아버지의 재력을 바탕으로 홍보 캠페인에 힘을 썼다. 케네디에게는 불리한 점이 크게 두 가지 있었다. 첫 번째는 미국 국민 대부분은 물론 역대 대통령까지 모두 개신교 신자인 반면 그는 가톨릭 신자라는 점이었다. 두 번째는 캐네디가 정부 고위직을 수행한 적도 없는 신출내기라는 점이었다.

하지만 케네디는 1960년에 제35대 대통령 선거에서 승리했다. 그는 총 유효 투표 수 약 7천만 표 중 12만 표도 안 되는 근소한 차이로 공화당 후보였던 리처드 닉슨을 누르고 당선되었다. 대중에게 많은 지지를 받았던 케네디는 1963년 11월 22일, 텍사스 주 댈러스에서 퍼레이드 도중에 총에 맞아 암살당하는 비극으로 그의 인생도 마감되었다.

1961년 8월 12일, 동독 정부는 동독 사람들이 서독으로 가는 것을 막기 위해 베를린 장벽을 세웠습니다. 베를린 장벽은 결국 흐루시초프가 졌다는 의미였습니다. 장벽을 세우자 케네디는 이렇게 말했습니다. "장벽을 세우는 것은 그다지 바람직한 해결책이 아닙니다. 그렇지만 전쟁보다는 훨씬 낫지요."

피델 카스트로와 쿠바

쿠바는 중앙아메리카에 위치한 나라로 남아메리카와 미국 사이에 있어요. 쿠바는 현재 얼마 남지 않은 공산주의 국가지요. 1959년 1월, 피델 카스트로라는 정치가는 미국의 지원을 받던 쿠바의 독재 정권을 전복시키고 정권을 잡았습니다. 그리고 공산주의에 맞춰 쿠바를 개혁했지요. 카스트로의 혁명은 쿠바를 소련과 미국의 갈등 지역으로 만드는

1959년, 피델 카스트로가 군복 차림을 한 채 미국의 수도인 워싱턴 D.C.에 도착했다.

피델 카스트로는 변호사였다가 쿠바의 바티스타 독재 정권에 반대하여 혁명을 일으킨 뒤 수상이 되었다. 카스트로는 49년이나 쿠바를 통치했는데, 혁명에 성공한 직후 반대 세력 480여 명을 총살하고, 수천 명을 투옥시켰다. 또한 재분배를 목적으로 기업을 국유화하고 중산층의 재산을 몰수했다. 외교적으로도 미국과 오랜 대립으로 쿠바의 경제를 악화시켰다는 점에서 독재자라는 평가를 받는다.

하지만 카스트로가 무상 의료, 무상 교육을 비롯한 평등 정책으로 쿠바의 빈곤층에게 많은 혜택을 주었고 쿠바를 미국의 오랜 지배에서 벗어나게 했다는 점에서 혁명가로 많은 쿠바인들의 지지를 받고 있기도 하다.

계기가 되었습니다.

카스트로는 평등한 사회를 만들기 위해 쿠바의 농지를 개혁하고 많은 기업을 국가의 것으로 만들었어요. 하지만 모든 사람들이 개혁에 만족하지는 않았습니다. 카스트로에 반대하는 쿠바인들 약 70만 명이 쿠바를 탈출해 미국으로 갔지요. 게다가 카스트로가 **국유화**한 기업 중 일부는 미국인의 소유였습니다. 그러니 미국이 공산주의자인 카스트로와 그의 개혁을 탐탁지 않게 생각한 것은 당연했지요.

1961년 후반, 미국은 '몽구스 작전'을 계획했습니다. 피델 카스트로를 암살하는 작전이었지요. **미국 중앙정보국**(CIA)은 미국으로 탈출한 쿠바의 반혁명 세력을 훈련시켰습니다. 훈련받은 요원들은 쿠바에 있는 공장과 다리를 폭파하고 농작물에 불을 질렀습니다. 게다가 쿠바 공무원까지 살해했지요.

카스트로는 소련에 지원을 요청했습니다. 1962년 4월, 흐루시초프는 이 기회를 이용해 비밀리에 쿠바에 핵미사일을 배치했습니다. 이 핵미사일은 쿠바를 방어할 용도면서 동시에 미국의 코앞에서 핵전쟁으로 미국을 위협할 용도였습니다. 쿠바와 미국의 거리는 140킬로미터밖에 되지 않았거든요. 안 그래도 그동안 흐루시초프는 미국의 미사일 기지가 소련과 가까운 터키에 있다는 점을 늘 꺼림칙하게 여긴 터였습니다. 소련이 쿠바에 핵미사일을 설치하면서 두 초강대국은 비등한 상황에 놓였습니다.

▌1964년. 카스트로와 흐루시초프가 소련의 수도인 모스크바에서 만났다.

흐루시초프의 대응

1962년 10월, 미국은 소련이 쿠바에 미사일 기지를 건설하고 있다는 첩보를 입수했습니다. 케네디는 "미국은 쿠바에서 핵미사일이 발사되어 서반구의 어떤 나라라도 공격을 당하면 그것을 미국에 대한 공격으로 간주하고 소련에게 최대의 보복 공격을 가할 것입니다."라고 공식적으로 성명을 내놓았습니다. 이로써 미국과 소련은 핵전쟁 발발 직전의 위기에 놓이게 되었지요.

흐루시초프의 계획은 엇나가기 시작했습니다. 소련은 미국만큼 군사비가 풍족하지 못해 이 긴장을 길게 끌고 갈 입장이 아니었습니다. 그래서 그는 초강대국으로서 체면은 유지하면서 전쟁은 일어나지 않게 할 방안을 찾아야만 했습니다.

케네디와 흐루시초프는 서신을 주고받았습니다. 흐루시초프는 미국이 쿠바를 침공하지 않고 터키에 있는 미국 미사일 기지를 철수하면, 소련도 쿠바에 있는 미사일 기지를 철수하겠다는 약속을 전했습니다. 그러자 케네디는 터키에 있는 미국 미사일 기지에 관해서는 어떤 언급도 하지 않은 채, 소련이 신바로부터 미사일을 철수한다면 쿠바를 공격하는 일은 없을 것이라는 답신을 보냈습니다.

한편 카스트로는 쿠바를 방어하는 데 가만히 앉아서 소련의 명령만을 따르지 않았습니다. 그는 독단으로 쿠바군에게 미국 비행기를 격추하라는 명령을 내렸습니다. 이 사건으로 흐루시초프는 자신이 카스트로를 통제할 수 없다는 것을 깨닫고 쿠바에서 미사일 기지를 철수했습니다. 카스트로는 흐루시초프의 결정에 매우 화가 났지만 다른 도리가 없었지요.

쿠바의 미사일 위기로 사람들은 냉전이 실제로 무시무시한 핵전쟁으로 비화할 수 있다는 사실을 깨달았습니다. 이 사건이 평화롭게 마무리되자 사람들은 안도했습니다. 쿠바 미사일 위기는 핵전쟁의 위협이 도사리는 세상에서 리더의 역할이 얼마나 중요한지 여실히 보여 줍니다.

계속되는 냉전

냉전은 1970년대와 1980년대에도 계속되었습니다. 미국과 소련은 군사력에서 우위를 차지하기 위해서 무기를 점점 늘렸습니다. 또한, 아프리카와 중앙아메리카에 있는 나라를 두고 두 나라는 끊임없이 세력을 다투었습니다. 냉전은 사그라질 기미가 보이지 않았지요.

1981년, 영화배우로 활동하다 정계에 입문한 로널드 레이건이 캘리포니아 주지사를 거쳐 미국의 대통령 자리에 올랐습니다. 동시에 영국에서는 마거릿 대처가 첫 여성 총리로 임명되었지요. 레이건과 대처는 두 나라 사이의 관계를 돈독히 이어 나갔습니다. 두 지도자는 공산주의에 반대했습니다. 레이건은 소련을 두고 '악의 제국'이며 '현대 사회의 악의 축'이라고 비난했습니다. 미국과 소련의 관계는 더욱 악화되었어요. 한편, 소련은 **반공주의** 신념이 투철했던 대처를 '철의 여인'이라고 불렀습니다.

1983년, 레이건은 텔레비전에서 적군이 발사한 장거리 미사일을 기다리고 있다가 우주에서 맞받아친다는 '전략 방위 구상안'을 발표했습니다. 이 구상안은 유명한 공상 과학 영화의 이름을 따서 '스타워즈 계획'으로 불렸습니다. 미국을 소련의 공격에서 방어하는 것이 이 계획의

미국과 소련의 두 지도자, 로널드 레이건과 미하일 고르바초프가 1986년에 열렸던 두 번째 정상 회담에서 카메라를 보며 포즈를 취하고 있다.

목적이었지요. 하지만 사실 미국에는 이러한 계획을 실행할 기술이 없었습니다. 단순히 소련을 속인 것이었어요.

냉전의 종식

1990년 소련에 최초의 대통령이 탄생했습니다. 미하일 고르바초프였지요. 고르바초프는 1985년, 54세라는 젊은 나이에 소련 공산당의 서기장이 되었습니다. 당시 소련은 오랜 경기 침체로 고통받고 있었습니다. 고르바초프는 총체적 개혁을 뜻하는 러시아어인 '페레스트로이카'라는 정책으로 경제와 정치를 비롯한 소련 사회 전반을 변화시켰지요. 페레스트로이카에는 '글라스노스트'라는 민주화 정책이 포함되었습니다. 고르바초프는 소련 국민에게 사회주의를 기본으로 한 민주주의 사회를 건설하고 스탈린 시대를 반성하자고 했습니다. 수십 년 동안 언론의 자유라고는 찾을 수 없었던 소련에서 표현의 자유가 허용되기 시작했어요.

하지만 갑자기 자유를 맛본 소련 사회는 혼란스러워졌어요. 소련 사회를 관통하던 공산주의가 무너지자 노동자들은 권리를 주장하며 파업했고, 민족 간 갈등이 생겨났지요. 고르바초프는 더 과감한 개혁이 필요하다고 생각했습니다. 그래서 공산당이 독재하던 소련의 정치 체제를 대통령제로 바꾸고, 여러 정당이 정치에 참여할 수 있도록 만들었어요. 마침내 1991년 고르바초프는 소련의 공산당을 해체하고 대통령직을 사임했습니다. 소련의 해체로 소련의 영향권에 있던 많은 국가들은 독립을 선언했습니다. 고르바초프는 1990년에 노벨 평화상을 받았어요. 기존의 방식을 버리고 과감한 변화를 시도한 리더의 등장으로 냉전은 막이 내렸습니다.

- 제2차 세계 대전이 끝나고 강대국으로 도약한 미국과 소련이 냉전 시대를 이끌었다.
- 미국과 소련은 각각 자본주의와 공산주의로 나뉘어 전 세계에서 세력 다툼을 했고, 이에 베트남 전쟁, 쿠바 미사일 위기 등 갈등을 빚었다.
- 소련의 초대 대통령 고르바초프의 등장으로 소련 공산당은 해체되고 냉전 시대도 막을 내렸다.

4
CHAPTER

식민 지배와 인종 차별에 맞선 리더들

대통령으로 선출된 만델라는 흑인들의 주거 및 교육 환경 개선과 생활 수준 향상을 위한 계획을 도입했습니다. 그는 '진실화해위원회'를 설치하여 아파르트헤이트 동안에 벌어진 인권 침해 사건을 조사했습니다. 그러나 조사의 목적은 백인들이 과거에 저질렀던 만행에 복수를 하려는 것이 아니었습니다. 만델라 대통령은 다음과 같은 말을 했습니다. "남아프리카공화국이 진정 아름다운 나라를 꿈꾼다면, 그 꿈을 실현시키기 위한 길도 제시되어야 합니다. 그 길은 바로 '선'과 '용서'입니다."

20세기 내내, 인도, 남아프리카에서 미국에 이르기까지 전 세계 곳곳에서 일어났던 평등과 자유를 위한 투쟁은 큰 성과를 거두었습니다. 권리를 향한 이 투쟁은 오늘날에도 많은 곳에서 진행되고 있습니다. 이 투쟁을 이끈 리더들은 누구일까요?

마하트마 간디

마하트마 간디는 인도인의 시민권을 위해 투쟁한 위대한 지도자입니다. 19세가 되던 해인 1888년, 간디는 법학 공부를 하기 위해 인도를 떠나 런던으로 유학을 갔습니다. 당시 영국에는 인종 차별주의가 널리 퍼져 있었습니다. 인종 차별주의란 인종 사이에 우열이 있으며, 열등한 인종은 차별하거나 박해해도 괜찮다는 생각이지요. 간디는 유학 시절 많은 차별을 받았지만 꿋꿋이 견디며 철학을 공부했습니다.

간디는 헨리 데이비드 소로가 쓴 〈시민 불복종의 의무〉라는 논문을 읽으면서 시민 불복종의 원칙에 대해서 깨닫게 되었습니다. 시민 불복종이란 비도덕적인 일에 대항하기 위해 고의로 법을 위반하는 행위를 말해요. 간디는 시민 불복종을 통해 평화로운 방법으로 사회를 바꿀 수

마하트마 간디는 인도 독립운동을 위해 싸웠던 방법 때문에 비폭력 저항의 상징이 되었다.

있다는 것을 알았습니다. 그래서 나중에 비폭력 운동을 전개했지요.

간디는 영국 작가인 존 러스킨에게서도 영향을 받았어요. 러스킨은 도시를 떠나 농촌에 살길 원했습니다. 이 두 작가의 관점은 간디의 종교적, 문화적 신념과 들어맞았습니다. 이들 덕분에 간디는 폭력을 쓰지 않고 사회 정의, **시민권**, 농업적 가치를 위한 운동을 하게 되었지요.

간디는 1893년부터 1914년까지 남아프리카공화국에서 변호사로 일했습니다. 간디는 어느 날 1등석 표를 예매하여 기차를 탔습니다. 하지만 한 승무원이 간디에게 유색 인종은 백인과 같은 객실을 이용할 수 없다며 3등석으로 옮기라고 했습니다. 그는 남아프리카공화국에서 인도인이 받는 차별에 깜짝 놀랐어요. 간디가 자리를 옮기길 거부하자 승무원은 그를 사정없이 마구 때렸습니다. 간디는 이 사건으로 직접 인도인을 위한 인권 운동에 뛰어들어야겠다고 마음먹었습니다. 그는 사람들이 정의에 관심을 가지도록 노력했습니다. 간디는 20년 동안이나 남아프리카공화국의 인종 차별에 반대하는 운동을 했습니다. 간디의 노력으로 남아프리카공화국의 인도인 차별 정책은 모두 폐지되었지요,

진리에 대한 헌신

영국은 18세기부터 인도를 경제적으로 착취했습니다. 먹고살기가 힘들어진 인도인들은 영국에 강하게 반발했습니다. 이를 **세포이**의 항쟁이라고 하지요. 영국은 항쟁을 제압하면서 인도를 직접 다스리기로 결정했습니다. 결국 인도는 19세기 중반 본격적으로 영국의 식민지가 되었습니다.

인도에는 다양한 종교와 민족이 산재되어 있습니다. 그래서 인도인들은 쉽게 뭉치지 못했습니다. 하지만 세포이의 항쟁을 계기로 인도인들의 민족의식이 불타올랐습니다. 인도인들은 하나로 뭉쳐 영국에게서 독립해야 한다고 이야기했지요.

인도는 영국의 **식민 지배**로 경제적 어려움을 겪었습니다. 또 영국은 제1차 세계 대전에서 승리하기 위해 인도의 독립을 허락해 주겠다는 빌미로 인도에게 군사비를 지원할 것을 요구했습니다. 그리고 많은 인도인들을 영국군으로 데려갔지요. 하지만 영국은 제1차 세계 대전이 끝난 뒤에 독립은커녕 인도의 민족 운동가들을 잡아들였습니다.

1900년대 초반 간디는 고국인 인도로 돌아갔습니다. 그러고는 인도의 독립운동에 중요한 인물로 부상했습니다. 간디는 힌두어로 '진리에

■ 간디가 자와할랄 네루 등을 비롯한 측근들과 함께 자신의 집 계단에 서 있다.

대한 헌신이나 추구'를 뜻하는 사티아그라하(Satyagraha) 운동을 펼쳤습니다. 그는 모든 사람을 사랑하는 마음으로 폭력을 부정하는 것이 영국에 대한 진정한 승리라고 생각했습니다. 그래서 영국의 탄압에도 저항하지 않았습니다. 간디는 모든 폭력을 견디는 것이 진정한 저항이라고 생각했지요. 독립운동이 계속되자 영국은 인도를 **자치령**으로 만들겠다고 했지만 간디는 이를 거절하며 완전한 독립을 주장했지요. 또 그는 인도의 경제적인 독립을 위해 스바데시(Svadesi)라는 국산품 애용 운동을 펼쳤습니다.

1920년에서 1922년, 1930년에서 1934년, 1940년에서 1942년까지 있었던 세 차례의 독립운동이 모두 간디를 중심으로 일어났습니다. 간디가 앞장서 인도의 정치를 이끈 시기는 이때가 전부입니다. 그 외 기간에는 주도적인 역할을 하지는 않았습니다. 독립운동 때문에 수없이 체포되어 감옥 생활을 했기 때문이지요. 간디가 73세가 되던 1942년, 자신의 뒤를 이어 인도의 독립운동을 전개할 공식 후임자로 자와할랄 네루를 지명했습니다.

간디의 영향으로 다른 나라들의 저항 단체도 비폭력을 저항 방법으로 선택했습니다. 이 개념에는 다른 사람에게 고통을 주지 않고 자신이 몸소 희생을 실천하는 것도 포함됩니다. 인도인 수백만 명이 영국에 저항하기 위해 자신을 희생하여 옥살이를 하고 태형을 받았습니다. 심지어 총살형도 당했지요.

자와할랄 네루

제2차 세계 대전이 끝나고 식민지에 열광하던 강대국은 반성의 시간을 가져야 했습니다. 인도는 여전히 강하게 저항했고 영국은 전쟁을 치르면서 심각한 재정난을 겪고 있었습니다. 영국은 인도를 계속 식민지로 두면 재정이 더 악화된다고 판단하고 인도를 독립시키기로 마음먹었습니다.

인도의 독립운동은 크게 간디와 네루를 중심으로 한 힌두교도들과 이슬람 민족주의자인 무하마드 알리 진나를 중심으로 한 무슬림 리그, 이렇게 두 부류로 나뉘었습니다. 인도의 독립이 코앞으로 다가온 시점에서 이슬람 민족주의자들은 인도가 독립하면 힌두교가 사회를 장악할 것이라고 판단하고 이슬람교와 힌두교의 분할 독립을 요구했습니다.

영국도 이에 동의했지요.

하지만 네루와 간디는 인도를 분리한다는 해결책을 달가워하지 않았습니다. 그러나 다른 대안도 없어 보였지요. 결국 네루는 마지못해 동의를 했습니다. 인도가 분리되면서 이슬람교도를 중심으로 한 파키스탄이라는 새로운 국가가 탄생했습니다. 그러나 평화는 찾아오지 않았습니다. 인도와 파키스탄이 모두 소유권을 주장하는 카슈미르 지역이 문제였지요. 인도는 카슈미르를 방어하기 위해 군대를 파견했습니다. 결국에는 UN의 중재로 양측은 정전 협상을 맺었습니다. 이 지역은 오늘날에도 여전히 분쟁 지역으로 남아 있습니다.

네루는 1964년에 사망할 때까지 인도의 초대 총리로 나라를 다스렸습니다. 네루는 간디의 기본 철학에 동의하고 이를 따랐습니다. 그는

찬성 VS 반대

나는 폭력을 반대한다. 폭력이 선을 행한 듯 보일 때 그 선은 일시적이지만 폭력이 행하는 악은 영원하기 때문이다.

— 마하트마 간디 인도의 독립운동가

폭력에는 폭력으로 대하라. 오늘 우리 중 한 명이 공격당한다면 내일 상대 다섯 명을 공격할 것이다.

— 에바 페론 아르헨티나의 영부인

간디의 사상을 인도의 상황에 맞게 현실적으로 수정하고 채택했습니다. 네루는 인도의 과학과 기술이 현대화되길 바랐지요.

　네루는 냉전 시대에 인도를 통치했습니다. 네루는 인도가 미국과 소련 중 어느 노선을 따를 것인지 결정해야 했습니다. 그러나 그는 비동맹주의 정책을 도입했습니다. 즉, 인도는 어느 한쪽을 선택하지 않고 국제 문제에서 중립을 유지하겠다는 정책이었지요.

남아프리카공화국의 인종 차별

　남아프리카공화국은 1950년에 아파르트헤이트라는 정책을 도입했습니다. 그 결과 많은 흑인과 유색 인종은 남아프리카공화국을 다스리는 소수 백인에게 인종 차별을 받게 되었지요.

한 단체가 정치 사범을 풀어 달라며 남아프리카공화국의 케이프타운에 있는 감옥으로 행진하면서 평화 시위를 벌이자 경찰은 이들을 기소했다.

아파르트헤이트는 아프리칸스어로 '분리'라는 뜻이다. 1948년 백인이 이끄는 남아프리카공화국 정부는 아파르트헤이트 정책을 도입함으로써 남아프리카공화국에 인종에 따른 분리 정책을 실시했다. 처음에는 인종을 백인, 흑인, 유색 인종으로 나누었다. 그러다 나중에는 여기에 인도인들을 주축으로 하는 아시아인을 추가하여 네 종류로 구분하고 인종별로 떨어져서 살게 했다.

흑인, 유색인, 아시아인들은 모든 면에서 차별을 받았다. 직업은 물론, 사는 지역과 다닐 수 있는 학교까지 제약을 받았으며, 어떤 정치권도 행사하지 못했다. 남아프리카공화국의 백인 정부는 정책에 반대한다고 의심이 되는 사람은 누구든지 체포할 수 있는 법을 도입했다. 경찰에게는 사람을 고문하고 죽일 수 있는 합법적 권리가 주어졌다. 체포된 사람들은 재판을 받을 수 없었으며 변호사와 가족들을 만나는 것조차 금지되었다.

1944년, 젊은 흑인 변호사인 넬슨 만델라는 '아프리카민족회의'라는 정치 단체에 가입했습니다. 만델라는 아파르트헤이트에 반대했어요. 아프리카민족회의는 남아프리카공화국에 있는 흑인과 혼혈인의 투표권을 얻기 위해 투쟁했습니다. 만델라는 아프리카민족회의에서 다양한 직책을 맡으며 리더십을 발휘했지요.

평화 시위

간디의 비폭력 · 불복종 운동을 보고 아프리카민족회의는 1950년대 초반에 같은 전략을 채택했습니다. 아프리카민족회의의 리더들은 간디처럼 신념을 위해 감옥에 갇힐 각오를 해야 한다고 생각했습니다. 그러나 인도와 남아프리카공화국의 상태는 다른 점이 있었어요. 인도는 영국이라는 외부 세력이 상대였지만 아프리카민족회의는 같은 남아프리카공화국 정부를 상대해야 했지요.

만델라는 효과가 보장된다면 간디의 비폭력·불복종 운동을 따르려고 했습니다. 하지만 결국 만델라는 이를 따르지 않았습니다. 남아프리카공화국의 정부가 평화 시위자들에게도 폭력을 행사했기 때문이었지요. 만델라는 전략을 상황에 맞게 변경해야 한다고 생각했습니다.

아프리카민족회의의 다른 리더들은 만델라의 생각에 동의하지 않았습니다. 폭력적인 대응은 아프리카민족회의의 방침에 반하는 행위이며, 폭력의 사용을 빌미로 당국이 아프리카민족회의에게 더 심한 폭력을 행사할 수 있다는 점을 우려했기 때문이지요.

비상사태

1960년, 남아프리카공화국에 있는 흑인 마을인 샤프빌에서 경찰들이 비무장 흑인 시위대에게 총을 쐈습니다. 이 사건으로 시위대 약 250명이 죽거나 다쳤지요. 흑인들은 경찰의 폭력적인 대응에 분노했습니다. 마을의 경찰서 근처에서 흑인 2만 명이 시위를 벌이고 경찰서에 돌을 던지기 시작했어요. 경찰은 이들에게 무차별적으로 기관총을 발포했습니다. 그중 약 만 천 명이 체포되었으며 결국에는 비상사태가 선포되었습니다. 비상사태란 나라가 혼란에 빠진 상태를 말해요.

이 사건 뒤에 아프리카민족회의 내 **과격파**가 결성한 '범아프리카회의'는 불법 단체로 규정되었습니다. 만델라는 지명 수배를 받았습니다. 그는 몇 명과 힘을 합쳐 '민족의 창'이라는 조직을 결성하고 기습 공격 등을 감행하는 비정규전인 게릴라전과 항의나 고의적으로 재산을 파괴하고 혼란을 야기하는 행위를 뜻하는 사보타주를 했습니다. 만델라는 결국 정부에 체포되어 처음엔 5년형을 선고받았습니다. 그러나 사보타주, 반역죄, 폭력 모의 혐의가 추가되어 결국 종신형을 선고받았지요.

기소된 만델라는 법정에서 자기 변론을 했습니다. 그는 흑인들이 무엇을 위해 싸우는지 설명하면서 이렇게 말했지요. "우리 흑인들은 단지 남아프리카공화국의 일부가 되고 싶었습니다." 만델라는 남아프리카공화국 시민 모두에게 선거권을 부여하면 흑인이 다수 유권자가 되므로 백인들이 흑인에게 투표권을 주는 것을 두려워한다는 점을 인정했습니다. 그리고 이런 말도 했습니다. "아프리카민족회의는 인종 차별주의에 맞서 싸우며 반세기를 보냈습니다. 아프리카민족회의는 승리한 뒤에도 싸움을 계속할 것입니다. 만인이 모두 동등한 권리를 누려야 한다는 당의 신념은 변치 않을 겁니다." 만델라는 '모든 사람이 조화를 이루고 동등한 권리를 누리는 민주주의적이고 자유로운 사회의 이상'에 대해서 말했습니다. 또한 이렇게 덧붙였습니다. "그것은 내 삶의 목적으로서

내가 성취하고자 하는 이상입니다. 필요하다면 기꺼이 나의 목숨을 바칠 이상이기도 합니다."

만델라가 감옥살이를 하는 동안 다른 조직원들은 계속해서 정부의 정책에 맞서 싸웠습니다. 때로는 단식 투쟁도 벌였습니다. 간디 역시 단식 투쟁을 저항의 한 방법으로 사용했습니다. 하지만 만델라는 단식 투쟁으로 얻는 것이 없다고 생각했습니다. 남아프리카공화국에 투쟁하는데 오히려 단식 투쟁을 하는 수감자가 벌을 받는 셈이라고 생각했지요. 그는 정부를 벌할 수 있는 방식을 원했습니다. 그래서 교도소의 마당이 깨끗하고 정돈되기를 바라는 당국에 대한 저항의 표시로 수감자들은 마당을 엉망으로 만들어 놓았습니다. 국가를 괴롭히고 화를 돋울 수 있으니까요.

F. W. 데클레르크와 아파르트헤이트의 종식

샤프빌 대학살 사건으로 남아프리카공화국의 인종 차별 정책에 국제적 관심이 쏠렸습니다. 많은 국가가 남아프리카공화국에게 경제 제재를 가했지요. 사람들은 아파르트헤이트의 종식을 외쳤어요.

샤프빌 대학살이 일어난 지 거의 30년 뒤인 1980년대 후반 남아프리카공화국 정부는 만델라와 비밀 회담 자리를 마련했습니다. 1988년, 남아프리카공화국 대통령으로 당선된 F. W. 데클레르크는 아파르트헤이트 정책을 폐지하는 데 전력을 기울였습니다. 1990년, 그는 만델라와 다른 정치 사범을 석방했습니다. 만델라는 그때까지 총 27년의 세월을 감옥에서 보냈습니다. 데클레르크는 아프리카민족회의와 범아프리카

1994년 자유 총선거 실시 뒤의 넬슨 만델라와 F. W. 데클레르크 모습이다. 용서의 미덕을 보여 주고 남아프리카공화국을 새로운 국가로 변화시킨 만델라는 전 세계의 귀감이 되었다.

회의도 합법화시켰습니다. 1992년에는 보통 선거를 통해 민주주의적이고 평화적으로 정권을 이양하는 문제가 논의되었습니다.

1994년 4월, 남아프리카공화국 역사 최초로 모든 인종이 1인 1표를 행사하는 자유 총선거가 실시되었습니다. 이 선거에서 만델라가 이끄는 아프리카민족회의 정당이 승리를 거두었습니다. 만델라는 남아프리카공화국 최초의 흑인 대통령이 되었지요. 그리고 데클레르크는 부통령직에 올랐어요.

대통령으로 선출된 만델라는 흑인들의 주거 및 교육 환경 개선과 생활 수준 향상을 위한 계획을 도입했습니다. 그는 '진실화해위원회'를 설치하여 아파르트헤이트 동안에 벌어진 인권 침해 사건을 조사했습니다. 그러나 조사의 목적은 백인들이 과거에 저질렀던 만행에 복수를 하려는 것이 아니었습니다. 만델라 대통령은 다음과 같은 말을 했습니다. "남아프리카공화국이 진정 아름다운 나라를 꿈꾼다면, 그 꿈을 실현시키기 위한 길도 제시되어야 합니다. 그 길은 바로 '선'과 '용서'입니다."

마틴 루서 킹 2세

미국에서는 1950년대와 1960년대에 흑인을 위한 시민권 운동이 활발하게 일어났습니다. 아프리카계 미국인들은 인도와 남아프리카공화국과는 달리, 1865년 링컨이 노예 해방 선언을 한 뒤로 백인들과 동등한 권리를 법적으로 보장받고 있었습니다. 하지만 인종 차별은 여전히 존재했어요. 특히 남부에서 차별이 심했지요.

1955년 12월 1일, 미국 앨라배마 주의 몽고메리에서 로자 파크스라는 흑인 여성이 버스에서 백인에게 자리를 양보하라는 운전사의 지시를 따르지 않았습니다. 당시 버스에는 백인 전용 좌석과 유색인 좌석이 나뉘어 있었습니다. 흑인들은 백인 전용 좌석에 앉을 수 없었지요. 설령 유색인 칸으로 표시된 좌석에 앉았다 해도 백인이 자리를 원하면 비켜 줘야 했습니다. 그런데 로자 파크스가 이를 거부한 것이지요. 그녀는 시내버스에서 몽고메리 시의 인종 분리법을 위반했다는 죄목으로 체포되었어요.

이 사건으로 특별히 '몽고메리 개선 협회'라는 단체가 구성되었습니다. 협회는 마틴 루서 킹 목사를 의장으로 추대했습니다. 몽고메리 시의 모든 흑인이 인종 분리법이 폐지될 때까지 버스 승차 거부 운동을 펼쳤습니다. 결국 몽고메리 개선 협회는 몽고메리 버스 보이콧 운동을 통해 시내버스의 인종 분리법을 철폐시키는 데 성공했습니다. 킹 목사는 인종 간 불평등을 없애려면 더 많은 대중들의 공감이 필요하다는 점을 깨달았습니다. 그는 남부 기독교 지도자 회의를 조직하여 강의를 하고, 시민권과 관련한 인종 문제를 논의했습니다. 또 미국 전역의 종교 지도자들과 만났지요.

킹 목사는 신학을 전공하면서 철학과 종교 사상을 공부한 학식이 높은 인물이었습니다. 킹 목사도 간디처럼 헨리 데이비드 소로를 존경했으며 그의 저서인 《시민 불복종》을 읽고 큰 감명을 받았지요. 또한 그는 간디도 존경했습니다.

1959년 2월, 킹 목사는 네루와 만남의 자리를 가졌습니다. 그들은 네루와 간디가 인도 독립운동을 할 때 사용했던 비폭력 불복종의 개념에 대해서 대화를 나누었습니다. 또 남아프리카공화국에서 평등 운동을 전개한 방법에 대해 감화를 받은 그는 비폭력 저항이 자유를 쟁취하는 데 필요한 강력한 무기라는 확신을 가졌지요.

계속되는 인종 차별

1960년 10월, 조지아 주 애틀랜타 시의 백화점 식당에서 흑인 대학생들은 화가 났습니다. 백인과 흑인이 같이 식사를 할 수 없었기 때문이었지요. 이들은 항의의 표시로 연좌시위를 벌였습니다. 연좌시위란 모두가 연달아 앉아서 하는 시위를 말해요. 킹 목사는 이들을 지지했고, 시위를 벌인 킹 목사와 학생 33명은 모두 체포되었습니다. 이들이 벌인 시위에 대한 기소는 기각되었으나 킹 목사는 몇 개월 전에 있었던 사소한 교통 법규 위반을 구실로 구금되었습니다.

이 사건이 매체를 통해 알려지면서 사람들은 미국 사회에 깊게 뿌리내린 흑인 차별에 관심을 가지기 시작했습니다. 조지아 주는 인종 차별을 방관하고, 법이 보장하는 평등권을 제대로 실현하지 않았습니다. 더구나 당시 대통령이었던 드와이트 아이젠하워는 이 사건을 묵인했습니다. 하지만 민주당 대통령 후보인 존 F. 케네디의 도움으로 킹 목사는 석방되었습니다. 대선을 겨우 8일 앞둔 시점이었지요. 흑인들은 케네디가 대통령 선거에 당선되면 더 평등한 사회가 되리라고 생각했습니다.

그러나 케네디가 대통령이 된 뒤에도 인종 차별은 해소되지 않았습니다. 킹 목사는 굉장히 실망했지요. 결국 그는 정부의 움직임을 촉발하고자 1963년에 앨라배마 주 버밍햄에서 연좌시위와 **보이콧**을 비롯한 대규모 항의 행진을 이끌었습니다. 버밍햄이 남부에서 인종 차별이 가장 심한 곳이라고 생각했거든요. 그리고 1963년 4월 12일, 킹 목사는 행진 도중에 체포되었습니다.

경찰은 시위대를 진압하기 위해 폭력을 휘둘렀습니다. 이 사실이 텔레비전 방송에 그대로 나가면서 미국인들은 충격에 휩싸였습니다. 경찰이 시위에 가담한 어린이들에게 경찰견을 풀고 소방 호스로 물을 뿌

마틴 루서 킹 2세와 다른 리더들이 케네디 대통령과 린든 존슨 부통령을 접견하고 있다.

리는 장면이 고스란히 방송되었기 때문이었지요.

새로 지도자 자리에 오른 케네디는 무언가 조치를 취해야 했습니다. 그는 새로운 시민권 법안을 의회에 제출했습니다. 이 법안은 인종 차별 철폐를 포괄적으로 다루고 있었습니다. 케네디 대통령은 전국 방송에 나와 이렇게 연설을 했습니다. "전 세계, 특히 우리 스스로에게 물어 보십시오. 미국은 흑인들을 제외한 자유의 땅입니까? 흑인 말고는 2등 시민이 없습니까?" 그러나 과연 이 법안이 의회에서 통과되어 법률로 제정될 수 있을지는 의문이었습니다.

워싱턴 행진

1963년 8월 28일, 킹 목사는 미국의 수도인 워싱턴 D.C.에서 모든 이에게 일자리와 자유를 달라고 연설을 했습니다. 그곳에는 평화 행진을 한 사람들이 20만 명 이상 있었지요. 그가 한 감명적인 연설은 나중에 '나에게는 꿈이 있습니다.'라는 제목으로 널리 알려졌습니다.

워싱턴 행진은 성공적이었습니다. 하지만 같은 해 11월, 케네디 대통령이 암살되었습니다. 킹 목사는 그의 죽음에 크게 슬퍼했습니다. 1964년, 케네디가 추진하던 시민권 법안은 대통령직을 승계한 린든 B. 존슨 부통령에 의해 결국 통과되었습니다.

1968년 4월, 킹 목사는 다음과 같은 연설을 했습니다. "저는 약속의 땅을 보았습니다. 그곳을 여러분과 함께 가지 못할 수도 있습니다. 하지만 저는 오늘 밤 우리가 모두 동등한 사람으로서 그 약속의 땅에 갈

▌ 마틴 루서 킹 2세가 '나에게는 꿈이 있습니다.'라는 유명한 연설을 하고 있다

것이라는 사실을 여러분께 알리고 싶습니다." 이 연설은 그의 생애 마지막 연설이 되고 말았습니다. 연설 다음 날, 그는 어떤 백인이 쏜 총에 암살당하고 말았지요. 킹 목사의 죽음에 미국의 백 개가 넘는 도시에서 폭동이 일어났습니다. 킹 목사의 인종 차별 철폐 운동으로 미국 사회의 흑인 차별은 이전보다 많이 사라졌습니다.

전문가 의견

나에게는 꿈이 있다. 언젠가 이 나라가 모든 인간은 평등하게 태어났다는 것을 분명한 진실로 받아들이고, 그 진정한 의미를 믿으며 살아가게 되는 날이 오리라는 꿈이다.

– 마틴 루서 킹 2세 미국의 인권 운동가

간추려 보기

- 인도, 남아프리카공화국, 미국 등 전 세계에서는 유색 인종을 차별하는 일이 빈번하게 일어났다.
- 마하트마 간디, 넬슨 만델라, 마틴 루서 킹 2세를 비롯한 많은 리더들은 사회를 바꾸기 위해 인종 차별 정책 폐지 운동을 하며 많은 희생을 치렀다.

타락한 리더들

민주주의 국가에서는 국민이 자신을 대변할 정치인들을 뽑습니다. 정치인들은 자신을
뽑아 준 국민들에게 보답할 의무가 있지요. 하지만 때로는 권력에 대한 욕망에 눈이
멀어 부적절한 행위를 저지르는 정치인들도 있습니다.

민주주의 국가에서는 국민이 자신을 대변할 정치인들을 뽑습니다. 정치인들은 자신을 뽑아 준 국민들에게 보답할 의무가 있지요. 하지만 때로는 권력에 대한 욕망에 눈이 멀어 부적절한 행위를 저지르는 정치인들도 있습니다.

비리

비리와 권력 남용은 여러 형태로 나타날 수 있습니다. 예를 들어 볼까요? 선거를 부정하게 치르거나, 국민의 재산을 강제로 빼앗거나, 리더가 직권을 남용하여 지인이나 지지자들에게 자리를 내주는 경우가 있습니다. 리더가 지인에게 자리를 주는 것을 정실 인사라고 하고, 지지자들에게 자리를 주는 것을 후원이라고 합니다. 가족에게 자리를 주는 것은 친족주의라고 부르지요.

어떤 때에는 리더가 국가의 돈을 횡령하는 경우도 있습니다. 횡령이란 불법적으로 돈을 차지하는 것을 말해요. 리더의 횡령은 전 세계 모든 곳에서 일어납니다. 민주주의 국가와 독재 국가 모두에서요.

세계 곳곳에서 벌어지는 비리는 그 형태도 다양합니다. 특히 아프리

카는 그 뿌리가 깊습니다. 가령 서아프리카에 있는 나이지리아에는 석유
와 천연가스가 많이 매장되어 있습니다. 이런 자원을 잘 활용한다면 나
이지리아는 쉽게 부자 나라가 될 수 있지요. 하지만 정부의 비리가 심하
고 갚아야 할 국가 채무가 많아서 가난에서 벗어나지 못하고 있습니다.

아프리카 지도자들의 비리

1993년, 사니 아바차가 나이지리아 정권을 손에 쥐었습니다. 그는
민주적인 국가를 만들겠다고 국민들에게 약속했습니다. 하지만 약속과
는 정반대로 독재자가 되어 다른 정당에 탄압을 가하고 인권을 침해했
습니다. 의아한 일이었습니다. 라이베리아와 시에라리온 같은 국가의
민주화를 위해서 나이지리아 군대를 파견하는 등 민주주의를 신봉하는
것처럼 보였으니까요. 하지만 이 모든 것은 사실 그가 권력을 손에서 놓
기 싫어서 벌인 일이었지요. 1998년, 아바차는 갑작스레 심장마비로 사
망했습니다. 이후 그의 가족이 나이지리아 정부에 돌려준 액수는 무려
약 1조 천억 원에 달했습니다. 아바차가 횡령한 금액은 약 2조 2천억 원
에서 5조 4천억 원 사이로 추정됩니다.

중앙아프리카에 있는 자이르(현 콩고민주공화국)의 전직 대통령인 모부
투 세세 세코는 약 5조 6천억 원의 개인 재산을 축적했다고 알려졌습니
다. 콩고민주공화국은 다이아몬드와 구리 같은 천연자원이 풍부한 나
라입니다. 하지만 그는 대통령으로 있던 동안 부정부패로 정부를 제대
로 운영하지 않았으며 국민을 무시했습니다.

나이지리아의 국가 원수이자 독재자였던
아바차 장군의 모습이다.

수하르토

수하르토는 1967년에서 1998년까지 30년간 장기 집권했던 인도네시아 대통령입니다. 집권 당시, 그가 축적한 개인 재산은 무려 약 16조 5천억 원에서 38조 4천억 원으로 추정됩니다. 비리를 저지른 세계 지도자들 가운데에서도 단연 손꼽힐 정도로 어마어마한 금액이지요.

그는 대통령으로 나라를 다스리는 동안 인도네시아 경제를 성장시켰으며 국민 대부분의 생활 수준도 개선했습니다. 또한 교육과 문맹 퇴치 프로그램도 도입했지요. 그는 인도네시아의 전체적인 부를 늘렸지만 모든 국민에게 골고루 분배하지는 않았습니다. 수하르토는 자신의 자녀 여섯 명과 친구 여섯 명에게 정부의 **요직**을 맡겨 부를 쌓았지요. 수하르토는 족벌주의와 정실 인사 혐의로 기소되었습니다.

1990년대, 수하르토의 비리 때문에 사람들의 마음은 떠나기 시작했습니다. 하지만 수하르토는 경제 성장을 성공적으로 이끌었기에 계속 대통령직을 유지했습니다. 1997년 동남아시아 전역에 외환 위기가 불어닥치자 인도네시아 경제도 허점이 드러나며 불황을 겪었습니다. 이로 인해 반정부 시위와 폭동이 잇따라 일어났지요. 군의 지지를 잃은 수하르토 대통령은 결국 1998년에 자리에서 물러났습니다.

1980년, 수하르토 인도네시아 대통령이 정치적인 일로 인도를 방문했다. 그가 비리를 저질러 쌓은 개인 재산은 세계 역사상 손꼽힐 정도로 많은 금액이다.

이멜다픽

동남아시아에 있는 필리핀에서는 페르디난드 마르코스가 1966년부터 1986년까지 집권했습니다. 마르코스 정부는 부정과 민주주의 탄압으로 악명이 높았지요.

1972년, 마르코스는 계엄령을 선포했습니다. 계엄령이란 국가가 비상사태일 때 헌법 일부의 효력을 잠시 중단하고 군사권을 발동하여 치안을 유지하는 것을 말합니다. 계엄령은 국가에 큰 위기가 닥쳤을 때 잠시 선포되는 것이지만 마르코스는 권력을 유지하기 위해 계엄령을 내리고, 거의 10년이 지난 뒤에야 해제했습니다.

▌ 1985년, 필리핀 대학생들이 마르코스의 모습을 본뜬 모형에 불을 붙이면서 저항하고 있다.

계엄령하에 마르코스의 아내인 이멜다는 막강한 정치 권력을 쥐게 되었습니다. 이멜다가 정부와 업계의 좋은 자리를 친척에게 내주자 국민은 족벌주의라며 비판했습니다. 1986년, 대통령 선거에서 저지른 엄청난 부정 투표 문제 때문에 마르코스는 부인과 함께 하와이로 망명했습니다. 이멜다는 엄청난 보석과 사치품을 남기고 황급히 떠났지요. 그 중에는 구두도 3천 켤레나 있었어요. 세계 최빈국에 속하는 필리핀에서는 수백만 명의 국민이 극심한 가난으로 고통을 받고 있었습니다. 이멜다가 수집한 수많은 구두는 마르코스 정권의 비리를 적나라하게 보여 주는 상징이 되었어요. 이멜다의 이름을 따 사치스럽다는 의미의 '이멜다픽(Imeldafic)'이라는 신조어도 생겨났지요. 마르코스가 숨겨 둔 재산은 약 5조 6천 억 원에서 11조 원으로 추정하고 있습니다.

사회 발전과 부정부패

베나지르 부토는 이슬람 국가에서 탄생한 최초의 여성 지도자입니다. 부토는 파키스탄의 정치가 줄 피카르 알리 부토의 딸로, 육군 참모총장이었던 무하마드 지아 울 하크가 쿠데타로 정권을 장악하고 아버지를 처형하자 아버지를 대신하여 민주화 운동을 벌였습니다. 1988년에 하크가 비행기 추락 사고로 사망하면서 베나지르 부토는 총리가 되었습니다.

파키스탄은 빈곤한 국가였어요. 비리가 만연하고 사회의 범죄율도 늘어나고 있었지요. 부토는 독재 정권을 청산하려고 노력했습니다. 하지만 군부와 야당의 견제가 심했고, 부토는 결국 부정부패를 이유로 총리직에서 해임되었습니다. 부토는 1993년에 실시된 선거에서 승리하며 다시 총리가 되었습니다. 그러나 3년 뒤인 1996년에 또다시 부정부패 문제로 해임당하고 말았습니다.

1999년, 부토는 남편인 아시프 알리 자르다리와 함께 유죄 선고를 받았습니다. 자르다리는 1993년에서 1996년까지 연방 정부의 투자부 장관을 지내면서 '미스터 5퍼센트', '미스터 100퍼센트'라는 별명까지 얻었습니다. 그는 각종 이권 사업에 개입해 뒷돈을 받았습니다. 부토 부부가 몰래 챙긴 금액은 적어도 약 1조 6천억 원으로 추정됩니다.

2007년 10월, 부토는 무혐의로 사면되었습니다. 같은 해 12월 27일, 부토는 선거 유세를 하던 중 자살 폭탄 테러로 암살당했어요. 2008년 9월, 자르다리는 총선거에서 승리하여 대통령이 되었습니다. 그리고 2개월 뒤인 2008년 11월에 부토는 민주주의와 여성과 아동 인권 운동에 기여한 공로로 UN 인권상 수상자로 선정되었지요.

생각해 보기

부토는 파키스탄의 인권 보호와 민주주의 회복에 크게 기여한 정치가지만 엄청난 규모의 부정부패를 저질렀다. 사회를 발전시킨 리더의 부정부패를 어떻게 평가해야 할까?

사생활

권력을 쥔 사람이 비리를 저지르거나 권력을 남용했다고 가정해 봅시다. 나랏돈이나 국정과 관련된 비리라면 파헤쳐야 하지요. 하지만 정치인의 사생활은 어떨까요? 사생활도 공개되어야 할까요?

빌 클린턴은 1993년에서 2001년까지 미국의 대통령이었습니다. 클린턴은 중요한 정치 문제를 여러 차례 성공적으로 해결했습니다. 보스니아와 헤르체고비나의 분쟁을 끝내는 평화 회담을 성공시켰고, 팔레스타인과 이스라엘의 분쟁 해결을 위한 회담도 열었지요. 또한 클린턴의 재임 시기에는 미국 경제도 유례없는 호황을 누렸습니다.

빌 클린턴이 민주당 모금 행사에서 백악관 인턴인 모니카 르윈스키를 포용하고 있다.

클린턴은 완벽하게 대통령직을 수행했습니다. 모두들 클린턴을 좋아했어요. 하지만 아내를 속이고 백악관 인턴인 모니카 르윈스키와 성관계를 맺었다는 의혹이 일었습니다. 그는 르윈스키와 관계를 맺지 않았다며 공개적으로 부인했습니다. 그러나 클린턴은 르윈스키에게 법정에서 성관계를 부인하는 거짓 진술을 하도록 강요한 혐의로 기소되었고, 결국 1998년에 대통령직에서 물러날 위기에 처했습니다. 그러나 1999년, 미국 상원이 실시한 탄핵 투표를 통한 최종 판결에서 두 혐의에 대해 모두 무죄를 선고받았습니다.

찬성 VS 반대

일반인의 사생활은 보호되어야 하지만 국민의 알 권리 차원에서 언론이 공직자의 사생활을 보도하는 건 무방하다.

— 한균태 경희대 언론정보학부 교수

공직자의 개인적인 문제는 업무 또는 범죄와의 관련성을 두고 판단해야 한다.

— 이승선 충남대 언론정보학과 교수

- 어떤 리더들은 권력을 이용하여 부정부패를 일삼는다.
- 리더들의 사생활은 일반인처럼 보호받아야 할지 아니면 공개되어도 무방한 지는 여전히 논란거리로 남아 있다.

6

CHAPTER

미래의 리더는?

20세기는 두 차례의 세계적인 전쟁과 인종 차별로 얼룩진 투쟁의 시대였습니다. 리더들은 각자의 위치에서 많은 사람의 운명을 좌지우지할 중대한 결정을 내렸습니다. 어떤 리더들은 자신의 이익을 위해 부정부패를 저지르기도 하고, 어떤 리더들은 평화와 인권을 위해 자신을 희생하기도 했어요. 이제 20세기는 막을 내렸습니다. 미래의 리더는 어떤 결정을 해야 할까요? 어떤 리더가 나타나 미래를 어떻게 변화시킬까요?

20세기는 두 차례의 세계적인 전쟁과 인종 차별로 얼룩진 투쟁의 시대였습니다. 리더들은 각자의 위치에서 많은 사람의 운명을 좌지우지할 중대한 결정을 내렸습니다. 어떤 리더들은 자신의 이익을 위해 부정부패를 저지르기도 하고, 어떤 리더들은 평화와 인권을 위해 자신을 희생하기도 했어요. 이제 20세기는 막을 내렸습니다. 미래의 리더는 어떤 결정을 해야 할까요? 어떤 리더가 나타나 미래를 어떻게 변화시킬까요?

전문가 의견

정치란 바람직한 행동과 직책 유지 사이에서 괴로워하는 정글의 세계다. 지방의 이익과 나라 전체의 이익 사이에서, 또 정치가를 위한 개인적인 선(善)과 국민 전체를 위한 총체적인 선 사이에서 엄청나게 갈등해야 한다.

— 존 F. 케네디 미국의 제35대 대통령

역사를 잊지 말라

제2차 세계 대전과 홀로코스트를 겪으면서 사람들은 타인에 대한 박해와 차별을 못 본 척해서는 안 된다는 사실을 깨달았습니다. 영국 정부는 윈스턴 처칠의 히틀러에 대한 경고를 무시했습니다. 만약 1938년에 영국과 프랑스와 이탈리아, 이 세 나라가 독일이 체코 땅을 차지하지 못하도록 막았다면 역사는 달라졌을까요? 제1차 세계 대전의 악몽에서 벗어나지 못한 지도자들은 전쟁이 또다시 일어나지 않도록 힘을 쏟았어요. 하지만 안타깝게도 전쟁을 피하려던 노력은 히틀러의 힘을 키우는 부작용을 낳았습니다.

■ 제2차 세계 대전이 끝나고 독일인들이 암매장되었던 홀로코스트 희생자들을 보고 있다.

원스턴 처칠은 제2차 세계 대전에서 연합
군이 승리하는 데 중심 역할을 했다.

　제2차 세계 대전이 벌어진 뒤에야 영국 정부는 처칠의 경고에 귀를 기울였어야 했다는 사실을 깨달았습니다. 뒤늦게 이를 깨달은 영국 정부는 처칠에게 총리직을 맡겼지요. 처칠은 미국과 소련 사이에서 중대한 역할을 했습니다. 처칠은 스탈린을 경계했습니다. 그런데 처칠은 스탈린을 주시하는 대신 루스벨트를 설득하여 미국이 영국과 프랑스, 소련 등을 중심으로 한 연합군에 가담해 히틀러를 무찌르는 데 힘을 보태게 했지요. 미래의 적이 될 수도 있는 소련과 연합군을 구성할 때 생기는 부정적인 면을 처칠과 루스벨트도 틀림없이 고려했을 것입니다. 하지만 그보다는 지금 당장 히틀러 때문에 생기는 위험이 더 크다고 판단했지요. 그래서 결국 소련과 손을 잡고 연합군으로 참전하여 제2차 세계 대전에서 승리했습니다.

핵전쟁의 위협

제2차 세계 대전이 끝날 무렵, 전 세계는 핵전쟁의 위력을 뼈저리게 깨달았습니다. 이 핵전쟁의 위협 때문에 국제 정치의 대결 구도도 바뀌었습니다.

미국과 소련, 이 두 초강대국은 핵무기를 가지고 있었습니다. 그래서 양국의 지도자는 조심스럽게 움직여야 했습니다. 잘못했다가는 핵전쟁이 일어날 수 있었기 때문이지요. 역사상 어느 시기보다 외교 관계가 중요했던 때지만 두 나라는 서로의 힘이 더 크다는 것을 다른 식으로 증명하려 했습니다. 바로 다른 나라에서 벌어진 전쟁을 지원하는 방식이었지요. 과연 적국과 경쟁하기 위해 제3국의 전쟁을 지원하는 것이 윤리적인 일일까요?

또한, 쿠바의 미사일 위기 당시 흐루시초프에게 생겼던 뜻밖의 일을 떠올려 보세요. 흐루시초프는 자신이 케네디보다 한 수 앞설 것으로 생각했습니다. 하지만 예상과는 달리 카스트로가 혼자서 미국 항공기 격추 계획을 실행했지요. 그러자 흐루시초프는 패한 것처럼 보이지 않게 하면서 실제로는 패배라고 인정할 방법을 찾아야 했어요. 동시에 케네디는 흐루시초프에게 패배를 인정할 기회를 주어야 했어요.

고르바초프의 개혁

미하일 고르바초프는 소련을 대대적으로 바꿀 개혁안을 발표했어요. 그는 개혁안이 나중에 소련의 공산주의를 끝내고 결국 소련을 해체시키게 될 것이라는 점을 알았을까요? 만일 고르바초프가 그 점을 알았더라도 개혁안을 도입했을까요?

적을 다루는 방법

적을 붙잡은 뒤에도 리더들은 계속 도덕적 결정을 내려야 합니다. 리더는 적들의 행위에 분노와 증오를 느낄 것입니다. 하지만 동시에 적군 또한 사람이며 인권을 존중해야 한다는 것을 알아야 하지요.

상대가 수천만 명을 죽이고 고통 속에 몰아넣는 비인간적인 행위를 일삼았다고 해도, 그 사람의 인권을 무시하는 것이 과연 정당화될 수 있을까요? 간디와 킹 목사는 정당화될 수 없다고 생각했지요. 그들은 폭력은 해결책이 될 수 없으며, 평화 시위로 얻을 수 있는 것이 더 많다고 생각했습니다.

알아두기

제네바 협약은 제2차 세계 대전이 끝난 뒤 전쟁 포로를 보호하기 위해 제네바에서 체결된 조약이다. 적십자 협약이라고도 하는데 '전지에 있는 군대의 부상자 및 병자의 상태 개선에 관한 조약', '해상에 있는 군대의 부상자·병자·난선자의 상태 개선에 관한 조약', '포로의 대우에 관한 조약', '전시의 민간인 보호에 관한 조약'으로 되어 있다.

권력의 유혹

리더가 되면 권력을 손에 쥐게 됩니다. 권력의 유혹은 달콤합니다. 힘으로 다른 사람의 재산을 빼앗을 수 있고, 싫어하는 사람을 괴롭힐 수도 있지요. 어떤 리더들은 권력의 유혹을 뿌리치지 못하고 부정부패를

콩고민주공화국의 대통령이었던 모부투 세세 세코는 국민을 이용해 자신의 사리사욕을 채웠다는 평가를 받는다.

일삼았습니다. 하지만 국민은 가난 속에 고통을 받는데 자신은 나랏돈으로 호화로운 삶을 사는 것이 정당화될 수 있을까요? 역사를 살펴보면 이러한 일을 저지른 리더들은 수없이 많았습니다.

리더의 사생활과 공적인 업무

리더는 자신의 사생활에 관해 어떤 권리를 가질까요? 리더의 사생활이 국정 운영에 영향을 미칠까요? 리더가 개인적으로 나쁜 짓을 저지른다면 대중은 그를 어떻게 평가해야 할까요?

어떤 사람들은 정치 활동과 관계없는 리더의 사생활도 대중이 알 권리가 있다고 주장합니다. 사생활에 문제가 있는 리더는 언제라도 부정부패를 저지를 수 있다고 생각하기 때문이지요. 한편 리더의 사생활은 중요하지 않다고 주장하는 사람들도 있습니다. 그들은 리더가 공적인 업무만 잘 수행하면 된다고 이야기하지요.

미래의 리더들

　운송 수단과 통신 기술의 발달로 국가 간 경계는 점차 허물어지고 있습니다. 과거의 갈등이 국가와 국가 사이의 갈등이었다면 현재는 국가를 뛰어넘는 민족, 종교, 인종 간의 갈등이 주를 이루지요. 또 한 나라에서 시작된 문제가 다른 국가에게 영향을 주어 전 세계의 위기를 초래할 수 있습니다. 2008년 미국에서 시작된 경제 위기가 전 세계적인 경기 침체를 가져온 것만 봐도 알 수 있지요. 이러한 세계화 시대에 리더에게 필요한 자질은 넓은 시야입니다. 리더는 자신의 결정이 세계인의 운명을 어떻게 바꿀지 그리고 후손에게 어떤 영향을 줄지 늘 예측하고 신중히 판단해야 해요. 또 뛰어난 의사소통 능력으로 다른 국가와의 협력도 이끌어야 하지요.

　훌륭한 리더는 자신의 이익이 아닌 모두의 이익을 위해 힘씁니다. 그래서 자신이 이끄는 사람들을 행복하게 만들고 세상을 긍정적으로 변화시키지요. 미래에는 어떤 훌륭한 리더가 우리의 삶을 변화시킬까요?

간추려 보기

- 세계가 빠르게 변화하면서 리더를 바라보는 시각도 변화하고 있다.
- 훌륭한 리더는 자신의 이익이 아닌 모두의 이익을 위해 힘쓴다.

용어 설명

게르만족 게르만어를 사용하는 북방 인종. 큰 키와 푸른 눈, 금발이 특징으로 4세기경 훈족을 피해 스칸디나비아 반도 남부에서 흑해 연안, 라인 강 인근에 정착했다. 오늘날 스웨덴인, 덴마크인, 노르웨이인, 아이슬란드인, 네덜란드인, 독일인의 많은 수를 차지하고 있는 민족이다.

고립주의 다른 나라와 동맹을 맺지 않고 중립을 지키는 외교 정책. 자국의 이익이나 안보에 관련이 없는 사안에 대해 개입을 꺼리는 정책이다. 하지만 한 국가가 패권을 장악하려고 할 때 이를 저지하기 위해 다른 국가들의 고립주의는 깨지는 경우가 잦다.

공산주의 레닌이 마르크스주의를 발전시킨 사상. 빈부 격차를 야기하는 사유 재산 제도를 부정하고 재산을 공동으로 소유하여 평등한 사회를 건설하는 것이 목표다. 20세기 초 러시아의 레닌이 마르크스와 엥겔스에 의해 창시된 마르크스주의를 구체적으로 발전시켜 소련의 국가 이념으로 삼았다.

공화국 공화제를 실시하는 국가. 공화제란 국가를 다스릴 권리가 국민 다수에게 있고, 국민이 선출한 대표자가 국가를 다스리는 정치 제도다.

과격파 과격한 행동이나 주장을 하는 사람들의 모임.

국유화 산업이나 기업, 또는 재산을 나라의 소유로 만드는 일. 국유화는 사회를 더 평등하게 만들 수 있다는 장점이 있지만, 사람들이 노동을 하게 만드는 유인책을 제거하여 생산성을 떨어트린다는 단점이 있다.

군국주의 군사 정책이나 전쟁을 위한 준비를 국가의 최고 목적으로 두는 사상. 일본은 군국주의를 내세웠던 대표적인 국가인데, 군대가 정치 권력을 장악하면서 일본의 아시아 국가들에 대한 식민지화가 본격적으로 진행되었다.

미국 중앙정보국(CIA, Central Intelligence Agency) 미국의 독립 행정 기관. 국가 내부와 외부의 정보를 수집하고 대통령이 명령한 특수 공작을 담당하는 미국의 첩보 기구이다.

반공주의 공산주의에 반대하는 사상. 제2차 세계 대전 이전에는 나치와 파시즘이 사회를 통제하기 위해 사용한 사상이었으나, 냉전 시대에는 자본주의 국가인 미국이 이용하기도 했다.

보이콧(Boycott) 부당한 일에 대항하기 위해 벌이는 거부 운동. 일반적으로 어떤 단체나 국가의 상품을 불매하거나 거래를 끊는 일을 의미하지만, 국가나 단체를 제재하거나 보복을 가하기 위해 공동으로 배척하는 일을 뜻하기도 한다.

불가침 조약 국가가 서로 무력 공격을 하지 않기로 약속하는 조약. 조약을 맺은 국가들이 공동의 적인 다른 국가에 대항하기 위해서, 또는 상대국 간의 전쟁을 막고 안전을 보장하기 위해 체결한다.

비폭력 저항 폭력에 대해서 폭력으로 저항하는 것을 부정하고 부당한 일에 비폭력으로 저항하는 사상. 무저항주의라고도 하며, 단식 투쟁이나 평화적 집회 등의 비폭력적인 방법을 주로 사용한다.

세습 신분, 권력, 직업, 재산 등을 자손에게 대대로 물려주는 일.

세포이 영국인 장교 아래 있던 인도 병사. 영국은 동인도 회사라는 무역 회사를 통해 인도에 세워진 작은 국가들을 정복했다. 동인도 회사는 인도인 병사를 고용했는데, 이들을 세포이라고 한다. 하지만 이들에게 힌두교에서 신성시하는 소의 기름과 이슬람교에서 기피하는 돼지의 기름을 묻힌 총을 지급하여 세포이의 항쟁이 일어났다.

시민권 시민으로서의 권리. 역사적으로 시민권은 다양한 개념으로 사용되었는데, 17세기 계몽주의 사상의 영향을 받은 뒤로 국가가 침해할 수 없는 권리, 동시에 국가에 권리를 요구하고 정치에 참여할 권리를 의미하게 되었다.

식민 지배 다른 나라를 지배하는 일. 식민지란 원주민이 아닌 다른 국가가 다스리는 영토를 의미하는데, 근대로 접어들면서 유럽의 강대국들은 세력을 팽창하기 위해 아시아, 아프리카, 남아메리카 등의 약소국을 침략하고 경제적, 군사적으로 식민지 국민들을 착취하는 경향이 강했다.

요직 중요한 직책이나 직위.

유대인 기원전 2000년경에 팔레스티나로 이주한 민족. 헤브라이어를 사용하며, 헤브라이인, 이스라엘인이라고도 부른다. 다수의 백인과 일부의 유색인으로 구성되어 있으며, 전 세계에 분산되어 있다. 유대교를 가진 사람이 많으며, 유럽의 유대인 박해를 피하여 아메리카로 이주한 사람들이 절반 정도 된다.

자본주의 자본이 지배하는 경제 체제. 산업혁명으로 기존의 사회 구조가 무너지고 새롭게 등장한 경제 체제로, 사유 재산제를 따르고, 이윤 획득을 위한 상품 생산을 목적으로 한다. 노동력을 경제적으로 상품화하고 화폐를 이용한 자유로운 거래와 수요에 따른 가격 조정이 특징이다. 사회주의자들에 의해 만들어진 단어다.

자치령 국가에서 자치권이 부여된 특정한 지역. 독자적인 외교권과 주권을 가진 지역이지만 독립적인 국가가 아닌 한 국가에 속해 있는 지역인 것이 특징이다. 주로 영국의 자치령을 의미한다.

절대화 한 대상을 어떤 대상과 비교되지 않는 존재 자체만으로 완전한 것으로 만드는 것. 대상을 아무런 조건이 붙지 않고, 비교되거나 맞설 만한 것이 없으며, 존재 자체가 그 목적인 것으로 만드는 행위로, 예를 들어 군주제에서 군주를 신과 같은 존재로 취급한 것을 말한다.

제1차 세계 대전 1914년부터 1918년까지 전 세계의 강대국들이 참가한 최초의 세계적 전쟁. 식민지를 두고 독일이 영국에 도전하면서 시작되었다. 영국, 프랑스, 러시아와 독일, 오스트리아를 주축으로 일어난 전쟁으로 영국, 프랑스, 러시아의 승리로 끝났다.

참관인 어떤 자리에 직접 가서 보는 사람. 흔히 선거 때 투표나 개표 상황을 직접 나가서 보는 사람을 의미한다.

총리 일반적으로 내각인 행정부를 관리하는 직위. 총리(總理)란 한자로 전체를 모두 관리한다는 뜻으로, 총리의 역할은 각 국가의 정치 제도마다 다르다.

파시즘 이탈리아의 무솔리니가 주도한 전체주의 운동. 제1차 세계 대전 이후 혼란스러운 사회적 분위기에서 생겨난 것으로 엘리트가 주도하는 정치, 인종과 국가에 기반한 우월주의, 국민의 생활 전체에서 단결을 특징으로 한다. 파시즘은 묶음을 뜻하는 이탈리아어 파쇼(Fascio)에서 유래하며 독일의 나치, 일본의 군국주의와 비슷하다.

패권 어떤 분야에서 최고의 지위를 차지하여 누리는 공인된 권리나 힘. 국제 정치에서는 한 강대국이 다른 국가를 경제력이나 무력으로 압박하여 자신의 세력을 넓히는 권력을 의미한다.

홀로코스트 제2차 세계 대전 중 나치가 자행한 유대인 대학살. 인종 청소라고도 하며 독일뿐만 아니라 전 세계 곳곳에서 인종, 민족, 국가에 따른 대량 학살을 포괄한다.

연표

1904년	한국의 지배권을 두고 러·일 전쟁이 일어났다. 한국을 일본의 식민지로 만드는 한일 협약이 체결되었다.
1914년	식민지 세력권을 두고 영국, 프랑스, 러시아와 독일, 오스트리아, 이탈리아의 대립을 중심으로 제1차 세계 대전이 발발했다.
1917년	러시아에서 혁명이 일어나 최초의 사회주의 정부가 탄생했다.
1918년	독일, 오스트리아, 이탈리아의 패배로 제1차 세계 대전이 종식되었다.
1919년	독일에서 바이마르 공화국이 생겨났다. 인도에서 간디가 영국에 반대하며 비폭력, 불복종 운동을 시작했다.
1922년	소비에트 사회주의 공화국 연방, 즉 소련이 수립되었다.
1929년	미국에 경제 대공황이 발생했다.
1930년	호찌민이 베트남 공산당을 창당했다.
1933년	독일에서 히틀러가 총리가 되었다.

루스벨트 미국 대통령이 경제 대공황을 극복하기 위해 뉴딜 정
책을 실행했다.

1939년   제2차 세계 대전이 일어났다.

1940년   독일, 일본, 이탈리아가 삼국 군사 동맹을 체결했다.

1941년   일본이 하와이 진주만을 공격하여 태평양 전쟁이 일어났다.

1945년   히틀러가 자살하고 독일과 이탈리아가 연합국에 항복했다.
미국이 일본의 히로시마와 나가사키에 원자 폭탄을 투하했다.
일본의 무조건 항복으로 제2차 세계 대전이 종식되었다.
한국이 일본의 식민지에서 해방되었다.

1947년   미국의 트루먼 대통령이 공산주의 세력의 확산을 저지하기 위해
자유주의 국가에게 지원을 약속하는 트루먼 독트린을 발표했다.

1948년   소련이 제2차 세계 대전 이후 연합국이 가진 서베를린에 대한
권리를 포기시키기 위해 베를린 봉쇄를 시작했다.

1950년   한국 전쟁이 발발했다.

1956년   쿠바에서 피델 카스트로가 바티스
타 정권을 축출하는 민주주의
혁명을 일으켰다.

1961년   쿠바가 미국과 단절을 선
언하고 사회주의 국가가

되었다.

한국에서 박정희가 군사 쿠데타
를 일으키고 정권을 장악했다.

1968년	체코슬로바키아에서 민주화 운동을 의미하는 프라하의 봄이 일어나자 소련이 군사 개입했다.
1965년	미국이 북베트남을 폭격하면서 베트남 전쟁이 시작되었다.
1972년	미국의 닉슨 대통령이 중국을 방문했다.
1975년	남베트남이 북베트남에 함락되면서 베트남 전쟁이 종식되었다.
1978년	자본주의 국가인 미국과 사회주의 국가인 중국의 국교가 정상화되었다.
1979년	친소련파인 아프가니스탄 인민민주당이 쿠데타로 권력을 장악하면서 소련이 아프가니스탄을 침공했다.
1980년	한국에서 독재 정부에 반대하는 민주화 운동이 일어났다.
1988년	소련의 고르바초프가 개혁을 시작했다.
1989년	베를린 장벽이 철거되었다.
1992년	소련이 해체되고, 동유럽 공산권 국가들이 붕괴되었다.

1995년	세계 무역 기구가 출범했다.
2001년	미국에 9·11 테러가 일어났다.
2003년	미국이 이라크를 침공했다.
2008년	미국에 최초의 흑인 대통령인 오바마 대통령이 취임했다.
2010년	튀니지에서 민주화를 요구하는 재스민 혁명이 일어났다.

더 알아보기

대통령 리더십 연구원 www.president21.org
대통령과 다양한 분야의 지도자들을 탐구하는 학술 연구 기관이다. 국내외의 정치 지도자들의 특징과 행태를 분석한다. 현재 정치 이슈들에 대한 자료도 제공한다.

아파르트헤이트 박물관 www.apartheidmuseum.org
남아프리카공화국의 아파르트헤이트에 대한 자료가 있는 박물관의 홈페이지다. 아파르트헤이트의 기원과 철폐 운동에 대한 책자를 볼 수 있으며, 넬슨 만델라에 관한 정보가 있다.

마하트마 간디 www.mkgandhi.org
인도의 민족 운동 지도자 간디에 대한 많은 정보가 있는 웹사이트다. 간디의 생애, 사진, 사상에 대해서 알 수 있다.

제2차 세계 대전 기념관 www.nps.gov/valr
제2차 세계 대전 기념관의 홈페이지다. 제2차 세계 대전에서 중요한 인물들과 일화, 장소 등에 대한 정보를 제공한다.

마틴 루서 킹 2세 국립사적지 www.nps.gov/malu/index.htm
마틴 루서 킹 2세를 기념하는 박물관의 홈페이지다. 마틴 루서 킹 2세가 태어난 집, 활동한 교회 등 마틴 루서 킹의 삶의 행적을 엿볼 수 있으며, 그와 관련된 다양한 정보와 마틴 루서 킹 2세의 연설 내용을 볼 수 있다.

찾아보기

내인생의책은 한 권의 책을 만들 때마다
우리 아이들이 나중에 자라 이 책이 '내 인생의 책'이라고 말할 수 있는 책을 만들고자 합니다.

세상에 대하여 우리가 더 잘 알아야 할 교양

29 리더 누가 되어야 할까? (원제:Leaders)

질리 헌트 글 | 이현정 옮김 | 최진 감수

1판 1쇄 2013년 10월 30일 | 1판 4쇄 2020년 5월 21일
펴낸이 조기룡 | 펴낸곳 내인생의책 | 등록번호 제10-2315호
주소 서울시 성동구 연무장5가길 7 현대테라스타워 E동 1403호
전화 (02)335-0449, 335-0445(편집) | 팩스 (02)6499-1165
전자우편 bookinmylife@naver.com | 카페 http://cafe.naver.com/thebookinmylife

이 책의 한국어판 저작권은 시빌에이전시를 통해
영국 Capstone Global Library 출판사와 독점 계약으로 에 있습니다.
저작권법에 의해 한국 내에서 보호를 받는 저작물이므로 무단전재와 무단복제를 금합니다.

ISBN 978-89-97980-65-9 44300
ISBN 978-89-91813-19-9 44300(세트)

Leaders by Jilly Hunt
Under licence to Capstone Global Library Limited.
Text © Capstone Global Library Limited 2013
All rights reserved.
Korean translation copyright © 2013 by TheBookinMyLife Publishing Co
This Korean edition is published by arrangement with Capstone Global Library Limited through Sibylle Books
Literary Agency, Seoul, Korea

책값은 뒤표지에 있습니다. 잘못된 책은 구입처에서 바꾸어 드립니다.

이 도서의 국립중앙도서관 출판시도서목록(CIP)은 e-CIP 홈페이지(http://www.nl.go.kr/ecip)에서 이용하실 수 있습니다.
(CIP제어번호: 2013021257)

세더잘26

엔터테인먼트 산업
어떻게 봐야 할까?

엔터테인먼트 산업이 보여 주는
폭력성, 선정성이 사회에 악영향을
미치고 있다.
VS
엔터테인먼트 산업이 실제로
사회 문제에 미치는 영향은 미비하다.

세더잘25

적정기술
모두를 위해 지속가능해질까?

적정기술은 소외된 사람만을 위한
지속가능하지 못한 기술이다.
VS
적정기술은 첨단기술처럼
선진국에서도 필요한 지속가능한
기술이다

세더잘24

국제 관계
어떻게 이해해야 할까?

상호 협력을 통해 인류의 평화와
번영을 이룩할 수 있다.
VS
국제 협력은 강대국이 자국의 이익을
관철시키려는 허울 좋은 명분에 불과하다.

세더잘23

국가 정보 공개
어디까지 허용해야 할까?

국민은 국가의 정보를
알 권리가 있다.
VS
시민의 생명과 재산을 위해
비밀 유지가 필요할 때도 있다.

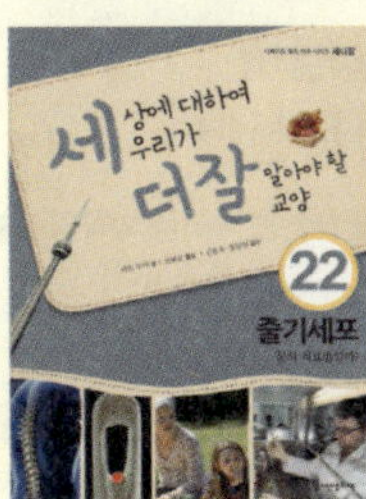

세더잘22

줄기세포 **꿈의 치료법일까?**

줄기세포는 질병 퇴치와
수명 연장의 꿈을 실현해 줄 것이다.
VS
윤리적 논란과 안전성 문제가
해결되지 않는 한 섣부른 기대다.

세더잘21

안락사 **허용해야 할까?**

안락사는 가면을 뒤집어쓴
살인 행위에 불과하다.
VS
인간은 품위 있는 죽음을
선택할 수 있어야 한다.

세더잘20

피임 **인구 조절의 대안일까?**

태아는 태어날 권리가 있다.
VS
피임은 인간다운 삶의 요건이다.

세더잘19

유전 공학 **과연 이로울까?**

유전 공학 기술의 발전과 활용은
반드시 필요하다.
VS
생물의 기본 구성 요소를 건드리는
것은 위험한 일이다.

세더잘18

낙태 금지해야 할까?

낙태는 개인의 선택에
맡겨야 한다.
VS
국가가 규제하고 제한해야 한다.

세더잘1

소셜 네트워크

어떻게 바라볼까?

소셜 네트워크는
표현의 자유를 확장할 것이다.
VS
사생활 침해를 증가시킬 것이다.

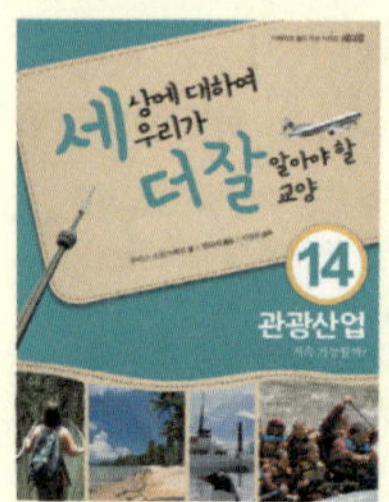

세더잘14

관광산업 지속 가능할까?

관광산업은 일자리를 창출하고,
국가 경제에 큰 도움이 된다.
VS
관광산업은 자연을 훼손하고,
현지인의 전통적 삶의 방식을
파괴한다.

세더잘12

군사 개입 과연 최선인가?

군사 개입은 인권 보호를
위해 필요하다.
VS
군사 개입은 다른 나라의
주권을 침해할 뿐이다.

세더잘17

프라이버시와 감시

자유냐, 안전이냐?

프라이버시는 인간의 본질적
권리로 모두가 지켜 나가야 한다.
VS
자신의 프라이버시를
얼마큼 보호하느냐는 각자가
선택할 사항이다.

세더잘15

인권 인간은 어떤 권리를 가질까?

인권은 모든 지역, 모든 사람에게
동등하게 적용되어야 한다
VS
인권의 잣대를 일률적으로
들이대선 안 된다

세더잘13

동물실험 왜 논란이 될까?

동물실험은 과학과 의학의 진보를
위해 반드시 필요하다.
VS
동물실험은 무의미하게
생명을 죽이므로 폐지해야 한다.

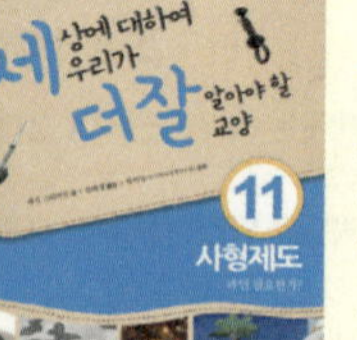

세더잘11

사형제도 과연 필요한가?

사형은 국가가 행하는 합법적인
살인이므로 폐지되어야 한다.
VS
사형은 범죄를 억제하는
가장 효과적인 방법이므로
존치시켜야 한다.

세더잘10

성형 수술
외모지상주의의 끝은?

미용 성형 산업을 객관적인
시선으로 바라보도록 도와주어
현대 사회에 대한 근본적인
물음을 던지게 하는 책

세더잘9

자연재해

인간과 자연이 공존하는 길은?

자연재해에 관한
사회·과학 통합서
'자연 대 인간'에서
'자연과 인간'으로!

세더잘8

미디어의 힘 견제해야 할까?

미디어는 규제되야 한다.
VS
미디어는 자유로워야 한다.

세더잘7

에너지 위기 어디까지 왔나?

지구 온난화,
전쟁과 테러, 허리케인…
이 모든 것은 에너지 위기에서
비롯되었다!

세더잘6

자본주의 왜 변할까?

지금의 경제위기는 현행 자본주의
체제로 극복할 수 있다.
VS
자본주의를 대체할 새로운
경제 체제가 필요하다.

세더잘5

비만 왜 사회 문제가 될까?

비만은 나쁜 식습관이나
운동 부족 등으로 인한 개인의 문제다.
vs
비만은 빈부 격차, 정부 정책과
같은 사회적 원인 때문에 발생한다.

세더잘4

이주 왜 고국을 떠날까?

이주자들은 경제 성장에 기여하며
한 나라의 삶을 풍요롭게 한다.
VS
이주자들은 자국민의 일자리를 빼앗
국가의 재원을 고갈시킬 뿐이다.

세더잘3

중국 초강대국이 될까?

세계 경제에 미치는
막대한 파급력으로 보아
중국은 초강대국이 될 것이다.
VS
정치적 상황으로 볼 때 중국은
장기적이고 지속적인 성장을 할 수 없다.

세더잘2

테러 왜 일어날까?

테러는 정치적·사회적 약자의
투쟁 수단이다.
vs
테러는 반인륜적인
범죄일 뿐이다.

세더잘1

공정무역 왜 필요할까?

자유무역을 통해서
무역의 규모를 키워야 한다.
VS
공정무역으로 분배를
제대로 하는 것이 우선이다.